Aceite de palma
La grasa del imperio

Max Haiven

Aceite de palma

La grasa del imperio

Alianza editorial
El libro de bolsillo

Título original: *Palm Oil: The Grease of Empire*
Publicado originalmente por Pluto Press, Londres.
www.plutobooks.com

Traducción de Irene Riaño de Hoz

Diseño de colección: Estrada Design
Diseño de cubierta: Manuel Estrada
Ilustración de cubierta: Vista aérea de una plantación de aceite de palma con un bosque de turberas en Klias Beaufort, Sabah, Borneo, Malasia. © Getty Images / Muslianshah Masrie
Selección de imagen: Carlos Caranci Sáez

PAPEL DE FIBRA
CERTIFICADA

Copyright © Max Haiven, 2022
© de la traducción: Irene Riaño de Hoz, 2024
© Alianza Editorial, S. A., Madrid, 2024
    Calle Valentín Beato, 21
    28037 Madrid
    www.alianzaeditorial.es

ISBN: 978-84-1148-558-6
Depósito legal: M. 56-2024
Printed in Spain

Si quiere recibir información periódica sobre las novedades de Alianza Editorial, envíe un correo electrónico a la dirección: alianzaeditorial@anaya.es

Índice

Agradecimientos

Son muchas las personas que, directa o indirectamente, me han aportado ideas, consejos, opiniones editoriales y reflexiones con las que han hecho mejor este libro. Entre estas personas están: Phanuel Antwi, Chris Arsenault, Dan Hicks, Nehikhare Patrick Igbinijesu, Ben Evans James, Megan Kinch, Aris Komporozos–Athanasiou, Leigh Claire La Berge, Mao Mollona, Tina Munroe, Christian Nagler, Simon Orpana, Sina Ribak, David Shulman, Cassie Thornton, Ezra Winton y Anna–Esther Younes. Estoy profundamente agradecido por haber tenido la oportunidad de compartir este trabajo en el instituto de verano del The ReImagining Value Action Lab, The Moos Garden Residency, el Sandberg Instituut y una serie de conferencias abiertas al público en la biblioteca pública de Halifax.

¿El engrasante de quién?

Estamos inmersos en un sistema de capitalismo racial que se nos presenta como un enorme sistema, de alcance global, organizado en torno a la práctica indescifrable del sacrificio humano, que permanece oculta a plena vista. Las historias sobre el aceite de palma que quiero contarte harán que este sistema empiece a cobrar definición y se remontarán en su pasado para buscar respuestas, componiendo la historia de cómo una entidad en su mayor parte invisible surgió de la conjunción entre capitalismo, colonialismo e imperio, determinando la forma que habrían de adoptar las crueldades de nuestro mundo. Pero estas historias albergan en sí, secretamente, otra historia que habla de nuestro poder colectivo para transformar el mundo a mejor. La historia de este libro sobre el aceite de palma trata sobre nosotros. Esta sustancia omnipresente y casi mágica es parte del modo en que reproducimos nuestros cuerpos y el mundo material en el que vivimos. Es un elemento clave en el vórtice de trabajo, las materias primas, la creación de significados y las relaciones sociales que componen el mundo que tú y yo habitamos. El aceite de palma nos une y, al hacerlo, pone de manifiesto el espacio entre nosotros, la sintaxis del mundo.

Casi cualquier elemento en el proceso que ha conducido a que ahora estés leyendo estas páginas podría haberse visto afectado o facilitado por el aceite de palma[1]: se podría tratar de un aditivo en el papel, un estabilizador en la tinta o parte de la resina utilizada en la encuadernación del libro; casi con seguridad está presente o ha resultado esencial en la fabricación de alguno de los cientos de componentes del aparato electrónico digital en el que estoy escribiendo estas palabras y quizá también del que tú estás utilizando para leerlas. Es probable que los hidrocarburos quemados en alguno de los vehículos que han transportado todos esos artefactos hasta llegar a ti contuvieran agrocombustibles derivados del aceite de palma. Y tenemos que dar por sentado que el cuerpo y el cerebro del que escribe, y del que lee, han podido reproducirse gracias, en parte, a la metabolización de dicho aceite. Los dos hemos utilizado productos para la limpieza o el cuidado de nuestra piel que lo incluyen en su composición, y lo hemos ingerido como excipiente en medicamentos. Aunque, intuyo, ninguno de los dos invierte activamente en la industria del aceite de palma, los dos estamos económicamente involucrados en ella. El dinero que recibimos a cambio de nuestro trabajo es sangre en ese mismo océano. Aunque provenga de una fuente natural, nosotros hemos creado el aceite refinado de palma tal y como existe hoy en día, y este, a su vez, ha contribuido a crearnos a nosotros.

A través de esta historia sobre el aceite de palma podemos obtener una breve imagen del mundo en su proceso de formación y desintegración. Acercarnos al mundo del aceite de palma buscando en él una historia que nos hable de nosotros mismos implica tomar conciencia de lo que nos conecta y lo que nos divide. Mi esperanza es que, al interesarnos por este aceite, podamos ejercitar conjuntamente una suerte de músculo discursivo común, durante mucho tiempo atrofiado en este mundo de individualismo competitivo, de forma que un nuevo «nosotros» pueda emerger, capaz de comprenderse mejor a sí mismo y de actuar coordinadamente para cambiar nuestro destino. Si hemos creado este mundo con aceite de palma, ¿qué otras cosas podríamos haber creado? ¿Qué podríamos crear todavía?

En el pasado, mi trabajo se ha dedicado a tratar de aprehender lo que no comprendemos del capitalismo. Entendemos que es un sistema global que organiza las energías de humanos y no humanos para producir mercancías con el fin de obtener beneficios. Entendemos que es lo que ha dado origen a la estructura corporativa, esa aterradora entidad metahumana que magnifica nuestras peores cualidades (la avaricia, la indiferencia, la rapacidad). Entendemos que el auge del capitalismo vino de la mano del colonialismo y del racismo, y que nunca ha logrado sobrevivir en su ausencia. En otro libro he tratado de comprender el proceso por el que hoy en día, en una economía global capitalista dominada por la deuda y el crédito, todos acabamos transformándonos, ya sea seducidos u obligados, en competidores temerarios, en financieros en miniatura, explotando todos los aspectos de nuestras vidas como recursos o movimientos estratégicos para asegurar nuestro futuro individual[2]. También he tratado de comprender cómo, al manifestarse a nivel sistémico, estos actos individuales de gestión de riesgos dan lugar a un patrón en el que se diría que el capitalismo estuviera tomándose una venganza innecesaria, improcedente y aterradoramente autodestructiva contra las personas y el planeta[3].

En este breve libro trato de entender algo sobradamente obvio, pero que de algún modo escapa a nuestra percepción: este sistema parece ser una enorme y despiadada organización del sacrificio humano. A diferencia de las representaciones sensacionalistas de esa costumbre sanguinaria que ha sido practicada, si bien en circunstancias muy distintas, por numerosas civilizaciones del mundo, el orden mundial capitalista del sacrificio humano se niega a sí mismo. La lógica implacable del mercado insiste en que los millones de muertes innecesarias causadas por la malnutrición, el envenenamiento por toxinas, la sobrecarga de trabajo, las migraciones frustradas, las alteraciones del clima o las guerras neoimperialistas son de alguna manera accidentales, incidentales o inevitables. Confío, no obstante, en que, a través de esta historia sobre el aceite de palma, podamos tomar conciencia de que vivimos en lo que Ruth Wilson Gilmore llama «la era del sacrificio humano»[4]; y en que seamos capaces de apreciar cómo esta emerge de una historia más larga, marcada por el capitalismo racial, que vuelve a algunas personas mucho más susceptibles que otras de ser consideradas desechables.

Utilizo el término «aceite de palma» para hablar de los derivados de determinados tipos de palma, principalmente la *Elaeis guineensis*, la palma aceitera africana, pero que a veces se obtienen también a partir de los parientes de esta en América Central: la *Elaeis oleifera* y la variedad más alejada de la *Attalea maripa*. Las palmas aceiteras son unas de las plantas más pródigas y útiles del mundo. La *E. guineensis*, de la que se obtiene la mayor parte del aceite de palma que consumimos a nivel mundial, es originaria de África Occidental, donde se ha cultivado durante siglos como un bien preciado. De sus maravillosas vainas de color azafrán (las cuales, en el momento de cosecharlas, pueden llegar a pesar más de 10 kilos), las gentes de África llevan milenios extrayendo, además de aceite para cocinar, grasa para lámparas, cosméticos, medicinas, materiales artísticos, aceite para ceremonias religiosas y tintes. A partir de su savia elaboran el vino de palma y una gran variedad de remedios. De sus hojas se obtiene material con el que fabricar techumbres y astiles para flechas y lanzas[5]. Igual entonces que ahora, el aceite fragante y carnoso de la palma ha tenido usos ceremoniales y espirituales en África y en su diáspora. Para muchos, el sabor del aceite de palma rojo y virgen es el sabor del hogar, el sabor de la familia, el sabor de la historia.

En el curso de mi investigación he tenido el placer de escuchar historias sobre el aceite de palma y la *E. guineensis* contadas por muchos naturales de África Occidental. Todos ellos me hablaron de la gran admiración que la gente de allí siente por esta generosa planta, de la importancia que la palma aceitera y sus dones tienen tanto en las tradiciones antiguas como para el espíritu innovador y creador de las gentes de África Occidental, que ha sabido transformarlos en una gran variedad de artículos. Mis amigos describieron vívidamente el aroma del fruto de la palma. En África Occidental, muchas de sus partes tienen utilidades casi infinitas: el exterior carnoso, la cáscara dura que protege la almendra o nuez en el interior, la masa aceitosa del centro. Sus particulares texturas y pigmentos sirven para sazonar y decorar cientos de sabrosos platos. Es tan apreciado que la comunidad nigeriana de la lejana y fría ciudad canadiense donde he escrito la mayor parte de este libro no escatima esfuerzos para importar diferentes variedades. Las características particulares de su terruño le proporcionan un sabor único y sutil. Más de una vez me han mostrado fotografías de niños sumergidos hasta la rodilla en una bañera llena de almendras de palma, ayudando a extraer su precioso aceite de un modo muy parecido a como lo hicieran sus ancestros, en escenas de solidaridad familiar y comunitaria. Algunos me señalaron las palmeras que se observan al fondo de las fotografías, alzándose sobre huertos o sobre los complejos de dependencias familiares como astas sosteniendo el estandarte de una república a la que nunca se le ha permitido existir. En su hábitat natural, la *E. guineensis* puede vivir hasta los 200 años, durante sesenta de los cuales puede llegar a dar frutos aprovechables. Tienen una larga memoria. Mis amigos cuentan que «antes» (de los misioneros europeos, de la trata de esclavos, del imperialismo, de la servidumbre impuesta por la deuda poscolonial) el aceite de palma no era solo una parte importante de la dieta, sino también una íntima referencia cultural compartida, un sacramento espiritual, un artículo básico para el comercio e incluso un medio de intercambio. Cohesionaba un extenso sistema de redes comerciales que se extendían a través de África y más allá. Esta grasa funcionaba como vehículo para un intercambio material y cultural cosmopolita, y como lubricante social[6]. En el norte de Brasil, las comunidades que formaron los africanos que lograban escapar de la esclavitud hallaron en la variedad local de la palma aceitera a una vieja amiga que les permitía suplir muchas de las necesidades de su vida como fugitivos[7].

Por supuesto, el que tú y yo conocemos es un aceite de palma completamente distinto: por todo el mundo, los derivados industriales del fruto de la palma pueden aparecérsenos bajo la forma de unas doscientas sustancias distintas, como un dios de múltiples caras, en productos alimenticios, industriales y de limpieza[8]. El aceite RBD (refinado, blanqueado y desodorizado) se ha convertido en un elemento característico de la dieta de miles de millones de personas en todo el mundo, principalmente, de gente pobre. Esta mercancía poco remarcable y comercializada a escala global se obtiene en plantas de procesado intensivo situadas, principalmente, en Indonesia y Malasia –aunque también se encuentran en África Occidental y América Latina–, por lo general en tierras taladas o arrasadas que en su día estuvieron ocupadas por bosque pluvial, aunque desde entonces pueden haber ido adoptando múltiples formas. En la mayoría de los casos, los fertilizantes, pesticidas y herbicidas empleados para la producción intensiva de este cultivo comercial han acabado filtrándose a las vías fluviales de la zona[9]. En estas fábricas, así como en las plantaciones cercanas –donde *E. guineensis* germinadas en laboratorio crecen en ordenadas filas a intervalos de nueve metros–, la mayor parte de la mano de obra está constituida por personas que se han visto de un modo u otro desplazadas, en un proceso que a veces abarca varias generaciones. Esto puede haber sucedido a consecuencia de una guerra civil, o de las campañas de contrainsurgencia organizadas con el apoyo del imperialismo, o del impacto ecológico de la minería, o del acaparamiento de tierras, o de los incentivos gubernamentales o internacionales al «desarrollo» que buscan reubicar a los trabajadores en lugares más convenientes para las empresas que necesitan mano de obra barata[10]. Como resultado, los trabajadores que actualmente cultivan el aceite de palma suelen depender de empleos precarios para cubrir sus necesidades básicas. Incluso aquellos que figuran sobre el papel como propietarios de la tierra que trabajan se ven atrapados en sistemas de explotación.

Hoy en día, tú y yo encontramos aceite de palma, aceite de palmiste o derivados de estas sustancias en aproximadamente un 50 % de la comida que se vende en los supermercados de todo el mundo, principalmente en alimentos industriales procesados, como la bollería envasada, alimentos para untar, fideos de ramen, lácteos y aperitivos. No obstante, el aceite de palma también entra en nuestros cuerpos a través de las trazas presentes en una pasmosa variedad de conservantes, emulgentes, estabilizantes, coagulantes y aditivos[11]. La singular composición química del aceite de palma y su bajísimo coste hacen de él la base o el aditivo perfecto para alimentos industriales, puesto que les proporciona una larga durabilidad y facilita su transporte a través de las redes del comercio mundial[12]. Este aceite se encuentra también cubriendo nuestra piel, puesto que está presente en la mayor parte de los cosméticos (aunque algunas marcas de alta gama presumen de vez en cuando de evitarlo). Es, además, un elemento importante en la producción de plásticos, tintes, tintas, pinturas e incluso artículos de papelería, como los que se emplean para empaquetar otros productos. Está en muchas de las píldoras, pastillas, supositorios y otros productos médicos, tanto para uso profesional como de consumo, que utilizamos para transformar nuestros cuerpos. Está presente también en múltiples productos y procesos de la industria y la manufactura, especialmente en los tensoactivos, que constituyen un importante componente en los lubricantes para máquinas, los procesos de teñido y tintado, los detergentes y una vertiginosa lista de más procesos diversos[13]. A nivel mundial, en 2020 se consumieron 72 toneladas de aceite de palma, unos 9 kg por persona[14]. Su cultivo intensivo ha transformado nuestro planeta: más de 27 millones de hectáreas de la superficie terrestre están dedicadas a este cultivo, una extensión mayor que el tamaño de Nueva Zelanda y casi equivalente a la totalidad del territorio agrícola de Francia[15]. La destrucción de bosques y, especialmente, de turberas para el cultivo de aceite de palma contribuye significativamente a las emisiones de carbono a la atmósfera (se estiman en un 6 % de las emisiones anuales), exacerbando con ello los riesgos, graves pero desigualmente distribuidos, del cambio climático[16].

¿Cómo ha llegado a sucedernos algo así? Nuestra historia habrá de remontarse a los orígenes del aceite de palma en tanto que mercancía mundial con la colonización europea de África Occidental en el siglo XIX, cuando civilizaciones enteras y millones de vidas fueron sacrificadas en el altar del dios de tres rostros, suma de la acumulación capitalista, el supremacismo blanco y la competición entre potencias imperialistas. Haremos una visita al Liverpool del siglo XIX, donde el aceite de palma servía literal y figuradamente como grasa para las ruedas del Imperio británico y permitió a ricos y pobres acceder a nuevas mercancías como el jabón. Viajaremos con algunos tiernos brotes de palma en barcos de vapor con motores alimentados con el aceite de esta planta hasta el Sudeste Asiático, a las colonias británicas y holandesas donde las potencias imperiales sacaron provecho del desajuste social, económico y medioambiental que ellas mismas habían generado, para convertir más tierras en plantaciones de palma aceitera y reclutar como mano de obra a desposeídos y migrantes, a menudo, mediante la técnica de la servidumbre por endeudamiento[17]. Hoy en día, las naciones independientes de Malasia e Indonesia han pasado a ser superpotencias indisputables del aceite de palma, si bien el legado colonial aún desempeña un papel determinante en esta industria. Seguiremos el rastro del aceite a medida que empapa el tejido de nuestro mundo, convirtiéndose en la grasa de los pobres y en el lubricante del imperio mundial del capital.

Esta es una historia sobre sacrificios humanos: el sacrificio de personas y lugares que se han visto devaluados por la acción de un sistema dominado por la búsqueda de beneficio, un sistema que nos seduce a la mayoría de un modo u otro en tanto que consumidores, emprendedores o, simplemente, personas tratando de sobrevivir. Mi intención al contar esta historia es que, siguiendo el rastro del aceite de palma, tomemos conciencia de cómo todos nosotros estamos implicados en un paradigma global que ninguno hemos elegido, pero que beneficia a algunos infinitamente más que a otros e inmola a muchos en el altar de la acumulación. Los sacrificados son, principalmente, los trabajadores explotados que cultivan y procesan esta mercancía y aquellos que se han visto privados de su relación con la tierra por la expansión irreflexiva de esta industria, impulsada por los deseos de un mercado del que todos formamos parte, si bien de forma desigual. En la industria del aceite de palma, en la que abunda la corrupción y donde las grandes empresas, las élites locales, los gobiernos nacionales y las agencias internacionales colaboran y se compenetran, los abusos a los trabajadores proliferan[18]. Millones de animales e incluso especies enteras se ven expulsados de sus hábitats debido a la quema del bosque pluvial para crear nuevas plantaciones. Bajo cielos color de sangre, el carbono que se libera en estos fuegos daña los pulmones de los trabajadores, aldeanos y gentes de pueblos indígenas que viven y trabajan en las proximidades de la industria del aceite de palma. Los cielos del Sudeste Asiático se han visto conquistados por el esmog. La deforestación y el carbono generados por la quema de bosques suponen, además, una de las amenazas más graves para el ecosistema global. También se sacrifica la salud de millones de personas de todo el mundo a las que este entramado de sistemas ha vuelto tan pobres que su dieta ha pasado a caracterizarse por el consumo de aceite de palma y sus derivados baratos, con consecuencias nefastas.

Este libro cuenta una historia más o menos cronológica, pero no es un libro de Historia. Se trata de un intento por comenzar a hacer visible algo que está oculto a plena vista. El libro surgió a partir de una serie de asignaturas que desarrollé cuando impartía Cultura material y Capitalismo en el Nova Scotia College of Art and Design. Quería hacer algo más que sensibilizar a estos estudiantes de Bellas Artes ante los datos y cifras relativos a esta sustancia, presente en varios de los materiales con los que trabajaban, como pinturas, tintas, tintes, resinas, ordenadores y plásticos. Quería, además, explorar con ellos las intrincadas redes en las que se confunden el pasado y el presente, el aquí y el allí, el «nosotros» y el «ellos». Como resultado, el relato que aquí presento es impresionista e idiosincrásico. Está escrito por alguien que nunca ha visto una palma aceitera o visitado una plantación, por un consumidor de la mercancía que trata de encontrar el camino de vuelta a su origen y aprender, durante el viaje, a comprender mejor el mundo.

En este libro no encontrarás una descripción exhaustiva del panorama general de la industria del aceite de palma; para ello te invito a consultar el libro *Planet Palm: How Palm Oil Ended Up in Everything and Endangered the World*, de la periodista Jocelyn C. Zuckerman. Tampoco encontrarás una historia sistemática; esto ya lo ha hecho Jonathan E. Robins, con habilidad y sofisticación admirables, en *Oil Palm: A Global History.* No voy a enumerar los crímenes actuales de la industria del aceite de palma ni las cínicas manipulaciones de la verdad con las que se trata de ocultarlos, tapándolos con una pantalla de agresivas campañas de relaciones públicas y programas descafeinados de regulación voluntaria. No son pocas las organizaciones no gubernamentales orientadas a la protección de los derechos medioambientales y laborales en distintas partes del mundo, ni las revistas de noticias de actualidad que han publicado excelentes artículos describiendo el funcionamiento de la industria del aceite de palma y poniendo al descubierto la naturaleza de sus actividades. Tampoco voy a ofrecer aquí una etnografía multiespecie ni una nueva interpretación materialista de la compleja relación entre el *Homo sapiens sapiens* y la *E. guineensis*[19].

En su lugar, he escrito este libro inspirado por la artista Simryn Gill y el antropólogo Michael Taussig, que nos invitan a reflexionar sobre la siguiente pregunta: ¿qué significa ser un ser humano en un mundo hecho de aceite de palma, en el sentido de que este forma parte de tantas de las cosas que utilizamos a diario, o está presente en su producción? ¿Qué significa contarnos nuestra propia historia desde cuerpos hechos de aceite de palma, en el sentido de que todos lo metabolizamos al ingerirlo con la comida o lo llevamos aplicado sobre la piel?[20].

Este libro es, en parte, una crítica amigable a los periodistas, ecologistas y defensores de los derechos humanos cuya historia sobre el aceite de palma es una historia de trabajadores, granjeros, campesinos, pueblos indígenas, orangutanes y bosques pluviales pobres, ignorantes y maltratados «allá», en las regiones que producen este aceite, que necesitan que «aquí», en las regiones consumidoras, nos concienciemos y cambiemos las decisiones que tomamos en tanto que consumidores ilustrados[21]. Por útiles que tales narrativas puedan resultar a la hora de conseguir financiación, organizar boicots o planificar campañas políticas, su enfoque mantiene un modelo basado en la caridad, derivado de arraigados tópicos del colonialismo y de la ideología supremacista blanca. Este discurso ha demostrado ser fácil de absorber, apropiar y subvertir por parte de los defensores de la propia industria que critica. En la actualidad, hemos visto a la industria del aceite de palma y a sus partidarios en muchos gobiernos y grandes organizaciones no gubernamentales (ONG) explotar, con un éxito notable, los discursos liberales sobre los derechos humanos y el medioambiente para favorecer sus intereses en la extracción de materias primas y la obtención de beneficios[22].

Para mí, la cuestión principal no es determinar qué campañas serán efectivas para frenar los peores abusos de la industria del aceite de palma. Este es, sin duda, un objetivo importante y del que dependen millones de vidas y ecosistemas enteros, pero mi objetivo es de un carácter más tangencial. Frente al «nosotros» propio del consumismo, al que con demasiada frecuencia se llama a actuar en defensa de los trabajadores, los orangutanes, los bosques pluviales o «el clima», me pregunto si es posible un «nosotros» distinto, para el que todas estas cuestiones se planteen como parte de una única red de reciprocidad. Lo que me interesa es descubrir si, al contar una historia más compleja, expansiva y experimental sobre el aceite de palma, nos será posible encontrar una nueva forma de identificarnos individual y colectivamente. Puesto que ahora todos nosotros, miembros de una especie global, y el propio mundo estamos hechos de aceite de palma, tal vez necesitemos para comprendernos narrativas nuevas que nos ayuden a entender qué podríamos hacer para facilitar la transformación de este mundo que no deja de transformarnos a nosotros.

De manera similar al modo en que el aceite de palma se manifiesta en la red mundial del intercambio de mercancías como una sustancia universal pero invisible, en este libro se nos presenta a caballo entre la historia, la cultura, la política y la economía. Este es un relato oleoso: los temas, líneas temporales y argumentos se deslizan, se filtran y se manchan entre sí.

Sabemos gracias a la Antropología y la Historia que el sacrificio humano ha sido practicado en múltiples culturas distintas y por un sinnúmero de razones. Por lo general, estos sacrificios sirven para reproducir el poder de una élite dominante: son una conveniente estrategia para aterrorizar a la población subalterna y eliminar a enemigos potenciales[23]. Centrarnos exclusivamente en esta dimensión del sacrificio supondría, sin embargo, omitir otro aspecto también importante: a menudo, quizá siempre, la sociedad que ofrece el sacrificio lo percibe como algo necesario, una exigencia o algo decretado por el destino. No presentar la ofrenda debida supondría atraer la venganza terrible de los dioses. En otros casos, las personas sacrificadas ya han sido previamente relegadas a una categoría infrahumana. Vemos, pues, que el problema crucial del sacrificio humano es que en él nos vemos obligados a confrontar un aspecto oscuro y terrible de la existencia social del ser humano en el que confluyen el poder y la cosmología.

Una de las tesis que vertebran este libro es que la sociedad del sistema global del capitalismo, que actualmente pretende consumir el planeta y redirigir, eliminar o someter a todas las demás culturas y formas de vida, no es tan diferente. También aquí la gigantesca y terrible institución del sacrificio humano reproduce las relaciones de poder dominantes desarrollándose en el contexto de una cosmología determinada. En este caso, el poder y la cosmología se estructuran en torno a la idea del mercado, que se nos presenta como la verdad natural, neutral, inevitable e incuestionable que unifica a toda la humanidad como la suma de nuestros instintos racionales de competición. Al hablar de cosmología me estoy refiriendo a un marco general compuesto de pensamiento y acción, una percepción común de causalidad, una intuición aprendida sobre la coherencia del mundo y compartida por los integrantes de una sociedad determinada. Una misma cosmología puede dar cabida a múltiples formas de expresión religiosa, a mitos contradictorios, teorías incompatibles e ideologías enfrentadas, pero sigue constituyendo el paradigma subyacente, dentro del cual se desarrollan estos enfrentamientos. En la cosmología capitalista, se da por hecho que el mercado es una entidad natural, inevitable y apolítica, gobernada por leyes eternas pero descifrables[24].

El mercado, sin embargo, es una creación humana: nuestros propios poderes de creación y cooperación que vuelven a nosotros en el reflejo de un espejo deformado. Constituye, en no poca medida, una creación inconsciente de nuestra imaginación, perpetuada no por la acción de un tirano aterrador, sino por nuestra propia lógica implacable reproduciéndose a sí misma. Todos y cada uno de nosotros, en nuestro esfuerzo por sobrevivir y, quizá, triunfar en esta sociedad capitalista gobernada por el mercado nos sumamos a la fuerza que lo impulsa. Y sin embargo, como les sucede a la mayoría de los seres humanos que interpretan el mundo desde una cierta cosmología (y tal vez a nosotros nos suceda en mayor medida que a muchos otros), apenas somos conscientes de sus efectos[25]. Como Sylvia Wynter sostiene, la cosmología del capitalismo contemporáneo emergió de una visión supremacista blanca del mundo, configurada a través del colonialismo y la trata de esclavos, la cual contribuyó, a su vez, a promover: una ideología basada en la superioridad de la figura del agente independiente y autorrealizado, que en los últimos tiempos ha adoptado la forma del *homo economicus*, el sujeto neoliberal[26].

Este modelo imaginario se nos presenta al mismo tiempo como culmen de la humanidad y como reflejo de la verdad profunda sobre la naturaleza humana: racional, competitiva, movida por un deseo de adquisición. Este ideal imaginario se forjó en el crisol del imperio y solo cobra coherencia por contraposición con las múltiples «otredades» que se establecen respecto a él. Concretamente, la cosmología del capitalismo y el *homo economicus* surgieron del desprecio a los «géneros» no europeos de la humanidad, considerados, en el mejor de los casos, imitaciones autoengañadas a las que había que eliminar a través de la «civilización» y, en el peor, un grupo infrahumano de seres ineptos para cuanto no fuera explotarlos o eliminarlos. Las distintas cosmologías particulares justifican, normalizan y presentan como «necesarias» determinadas formas de sacrificio humano propias del capitalismo, que son únicas en algunos aspectos y, en otros, bastante convencionales.

Empezamos esta historia sobre el aceite de palma, contada a través de la práctica capitalista del sacrificio humano, con la expedición de castigo británica de 1897 contra el Reino Edo, en la actual Nigeria. Se trataba, supuestamente, de una misión civilizadora con el objetivo de vengar una afrenta al honor británico e intervenir para eliminar ese reino africano, cuyas prácticas de sacrificio humano habían sido difundidas obscenamente por la prensa británica[27]. En realidad, más allá de las simples ansias de conquista y las maquinaciones de pequeños funcionarios, un motivo fundamental para llevarla a cabo fue garantizarles a las empresas británicas acceso a los lucrativos recursos de África Occidental para la producción de aceite de palma.

Nuestra historia termina en el sistema penitenciario estadounidense, una estructura diseñada para la obtención de beneficio económico y donde a los presos –un desproporcionado porcentaje de los cuales es de descendencia africana– se les proporciona una dieta abaratada mediante el uso de alimentos derivados del aceite de palma. La mayoría de estos reclusos se han visto criminalizados a consecuencia de acciones que tienen su origen en circunstancias vitales marcadas por el racismo, como la pobreza sistémica, el trauma o el abandono social. En el sistema penitenciario, los fideos de ramen –o la «sopa», como ahí los llaman– se han convertido en una unidad de intercambio que los presos emplean en su lucha por sobrevivir al sistema del sacrificio humano del capitalismo de masas[28].

Entre medias, veremos cómo la industria moderna del aceite de palma surgió de las cenizas de la trata de esclavos, y cómo este producto fue el ingrediente secreto y el aceite lubricante de la Revolución industrial. Veremos cómo el aceite de palma, en manos de inversores y corporaciones europeos, llegó a tener un papel fundamental en las guerras coloniales y en el auge del arte moderno y de la institución del museo imperialista. Nos detendremos, por supuesto, para hablar de las condiciones en las que el aceite de palma se produce hoy en día en las plantaciones, o en sus cercanías, de Indonesia, Malasia y otras regiones, así como de las catástrofes humanitarias y ecológicas que tales plantaciones han desencadenado. También veremos cómo las respuestas de ONG y gobiernos en el Norte Global han fracasado a la hora de gestionar esta situación, ya que operan guiándose por suposiciones erróneas sobre el funcionamiento de este sistema del sacrificio humano. Nos ocuparemos, asimismo, de cómo este aceite se convirtió en la grasa de los pobres del mundo, en el rastro que ha dejado, en todos nuestros cuerpos, esta era de sacrificios humanos.

El libro se cierra con una reflexión sobre lo que podría suponer abandonar el modelo del activismo consumista y, en su lugar, tomar conciencia de nuestra imagen en el reflejo que nos ofrece el aceite de palma. Como especie, tenemos una capacidad única para transformarnos a medida que transformamos el mundo. Si bien la transformación de la industria del aceite de palma será liderada por aquellos a quienes más afecta, ello sucederá en el contexto de una rebelión global contra la cosmología del mercado y los límites que esta impone a nuestra imaginación, lo cual nos conmina, necesariamente, a reimaginar el significado de la cooperación y abrazar una concepción plural de la humanidad.

¿El castigo de quién?

Conservadora: Buenos días. ¿Cómo puedo ayudarle?

Killmonger: Solo estaba echándoles un vistazo a estos artilugios. Me han dicho que es usted una experta.

Conservadora: Bueno… Podría decirse.

Killmonger: Son bellísimos. ¿De dónde es este?

Conservadora: De la tribu Bobo Ashanti…, en la actual Ghana, siglo XIX.

Killmonger:¿En serio? ¿Y este?

Conservadora: Este es de los Edo de Benín, siglo XVI.

Killmonger:¿Y qué me dice de este?

Conservadora: También de Benín, siglo VII. De la tribu Fula, si no me equivoco.

Killmonger: Qué va.

Conservadora: ¿Disculpe?

Killmonger: Los soldados británicos lo robaron en Benín, pero viene de Wakanda. Y está hecho de vibranio… No se raye. Yo me haré cargo de él a partir de ahora.

Conservadora: Estos objetos no están a la venta.

Killmonger: ¿Y cómo cree que los consiguieron sus ancestros? ¿Cree que los compraron a un precio justo? ¿O los robaron, como todo lo demás?

Conservadora: Voy a tener que pedirle que se marche.

Killmonger: Ha tenido a su equipo de seguridad vigilándome desde que entré. Pero no se ha preocupado por lo que se mete en el cuerpo.

Así nos presentaron a Erik Killmonger, el villano de *Pantera Negra*, la cuarta película con mayor recaudación de todos los tiempos[1]. En esta escena, Killmonger y sus cómplices envenenan a la conservadora del ficticio Museo de Gran Bretaña, creando una breve distracción que permite a un grupo de hombres armados entrar en el museo disfrazados de personal médico y hacerse con el artefacto de vibranio. Este metal, también ficticio, se originó en el lugar del impacto de un antiguo asteroide, en el reino fantástico de Wakanda, [...] concebido como una amalgama de lugares históricos en África, y que tiene un gran poder metalúrgico, energético, mágico y militar. Wakanda ha desarrollado una sociedad tecnológicamente muy avanzada gracias a su monopolio sobre el vibranio, pero utiliza esa tecnología para esconderse del resto mundo, camuflándose bajo la apariencia de una nación pobre por miedo a que las ansias de vibranio de otros países pudieran llevar a una guerra.

¿Es el vibranio una representación metonímica de la riqueza mineral, cultural y humana arrebatada a África durante los siglos de la trata transatlántica de esclavos, el imperialismo y, posteriormente, la extracción neocolonial de recursos? En esta historia se aprecia el rastro del aceite de palma: una sustancia con un poder transformador casi mágico, capaz de transmutarse en comida, medicina, tecnología y, como veremos, también en armamento. *Pantera Negra* nos ofrece una visión afrofuturista de una modernidad diferente, que habría sido posible si a los pueblos africanos se les hubiera permitido desarrollarse tecnológica y políticamente en sus propios términos.

La popularidad del hashtag #TeamKillmonger durante y después del recorrido en taquilla de *Pantera Negra* puso de manifiesto la oleada de simpatía que despertó este personaje trágico. A lo largo de la película, descubrimos que Killmonger, además de querer vengarse de Wakanda por haberlo abandonado a él (era hijo del hermano exiliado del rey), también desea hacerse con el control del reino y poner el terrible poder de su arsenal de vibranio a disposición de los condenados de la tierra.

El golpe de Killmonger tiene lugar en la «Exposición de África Occidental» del Museo de Gran Bretaña, un escenario ficticio que presenta una inconfundible semejanza con la auténtica galería de África del ala Sainsbury del British Museum, donde se expone una parte de la colección más grande del mundo de los famosos Bronces de Benín, procedentes del Reino Edo, en el territorio de la actual Nigeria. Esta colección admirable de estatuas, láminas murales y otros objetos de marfil, cobre, latón y bronce procede del saqueo que tuvo lugar tras la expedición de castigo que Gran Bretaña llevó a cabo contra Benín en 1897 y que causó también la destrucción del Reino Edo y su capital, famosa en todo el mundo, así como la muerte de miles de sus habitantes[2]. Algunos de los objetos ficticios sobre los que Killmonger interroga a la conservadora son llamativamente parecidos a los auténticos Bronces. Killmonger le dice a la conservadora, a propósito de la pieza de vibranio de Wakanda que reclama (o roba), que «los soldados británicos lo robaron en Benín».

Desde el siglo XIV, el Reino Edo era conocido en Europa como una sociedad poderosa y bien organizada de África Occidental, estructurada bajo el liderazgo espiritual y político del Oba y su casa real, especialmente, de la poderosa reina madre. El esplendor de la capital, con sus sofisticadas murallas de adobe, era legendario y, durante los siglos XVII y XVIII, este reino rivalizó en tamaño y complejidad social con las mayores metrópolis europeas. En esta sociedad altamente estratificada, los objetos que hoy se conocen colectivamente como los Bronces de Benín corresponden a siglos de historia del pueblo Edo, y su significancia cultural no tiene un correlato exacto en Europa. Tenemos algunas fotografías de estos objetos *in situ,* en las que vemos bustos abrillantados con aceite de palma colocados sobre altares, placas murales bruñidas decorando los anchos pilares que sustentan las grandes techumbres de edificios públicos y estatuas naturalistas que adornan la arquitectura exterior. Algunas de estas piezas tenían una función ornamental y representan el fruto de generaciones de artesanía especializada y de una división especializada del trabajo. Muchos de los objetos servían como registro de la genealogía de las familias aristocráticas o de los acontecimientos históricos del reino, como una suerte de biblioteca escultórica. Otros fueron fabricados principalmente para el comercio, incluso con europeos, que a menudo era calculado en aceite de palma o facilitado a través de él. Algunos tenían una función espiritual y formaban parte de altares dedicados a los antepasados y a los dioses de la casa real Edo, ante los cuales el aceite de palma solía ser empleado por los devotos para cientos de usos sacramentales diversos, entre ellos, el sacrificio humano[3].

En algunos sentidos, los Bronces supusieron la cristalización artística de un imperio africano erigido sobre la riqueza del aceite de palma. Su capital era el núcleo económico, administrativo, cultural y religioso de un sistema expansivo cuya vitalidad provenía de esa sustancia de tan diversas utilidades[4]. Las condiciones y relaciones implicadas en la producción del aceite de palma podrían haber estado definidas por el estatus de cada cual en la sociedad del imperio: las familias adineradas de los estamentos superiores habrían tenido a su cargo grandes fuerzas de trabajo esclavo que cultivaban las plantas, trepaban por ellas para recolectar sus frutos, supervisaban el proceso de fermentación, extraían y clarificaban el aceite y transportaban el producto resultante al mercado. El Reino Edo también recibía tributo de sus naciones o comunidades vasallas en forma de aceite de palma. Los trabajadores y otros grupos sociales ajenos a las élites producían aceite para su propio consumo, para la venta o para pagar sus impuestos. Al igual que en muchas otras poblaciones de la región, este aceite desempeñaba un papel esencial, y las relaciones sociales implicadas en su producción eran uno de los elementos definitorios de toda una forma de vida.

Actualmente, gracias a décadas de esfuerzos por parte del gobierno de Nigeria, los descendientes de la casa real Edo y otros aliados comprometidos existe un vigoroso movimiento que reclama a museos y otras instituciones culturales la repatriación de estos objetos[5]. La incautación indiscriminada de las piezas que componen los Bronces se produjo de la mano de la destrucción a fuego de la capital del imperio de Benín. Más adelante, en ese mismo año, los británicos subastaron los Bronces en Europa para sufragar los gastos de la expedición. Hoy en día, artículos ornamentales y decorativos se exhiben en colecciones públicas y privadas de diversas ciudades, como Londres, Berlín y Nueva York, mezclados con objetos de profundo valor ceremonial y religioso. En la mayoría de los casos, se exponen dentro de colecciones etnológicas que glorifican implícita o explícitamente la cultura europea[6]. Como señala el antropólogo J. Lorand Matory, en los museos europeos, las piezas que manifiestan un carácter africano han vuelto a convertirse en fetiches con los que se busca representar a un mismo tiempo la «barbarie» de esa Otra cultura que las creó y la benevolencia de la civilización que las colecciona y «protege». Con la apropiación de estos objetos, se pretende convertirlos en atrezo para el melodrama de una historia universal en la que la cultura europea y sus instituciones son el héroe protagonista[7]. Los movimientos, que actualmente están cobrando fuerza, que exigen la restitución de estos y otros artefactos, así como el derribo de las estatuas de quienes los incautaron, buscan, además de corregir los errores de la historia, socavar la cosmología supremacista blanca que legitimó el expolio. Esta sigue siendo la cosmología imperante, que sigue imponiéndose no ya mediante los mecanismos formalizados del imperialismo decimonónico, sino a través de los más sutiles pero no menos letales paradigmas mercantiles del neocolonialismo.

En el British Museum, los Bronces de Benín han permanecido secuestrados en el ala Sainsbury desde 1991. No por casualidad, se encuentran en el sótano –la cripta, podríamos llamarlo–, como si los espíritus que los objetos representan o la violencia de su robo debieran mantenerse bajo tierra, a buen recaudo. Están casi exactamente debajo de la famosa sala de lectura redonda que albergara en su día la British Library, la preeminente colección pública de documentos de estadística económica del Imperio británico. Fue aquí donde, como es bien conocido, Karl Marx llevó a cabo la investigación y escritura de gran parte de *El Capital*, y donde Friedrich Hayeck tomaba notas para *Camino de servidumbre;* se encuentra a solo algunos pasos de la casa de John Maynard Keynes en Bloomsbury. La propia ala del museo lleva el nombre de la adinerada familia Sainsbury, dedicada a la venta de comestibles, muchos de cuyos miembros figuran también entre los pares de la Cámara de los Lores del Reino Unido. La fortuna que hizo posible este regalo al British Museum proviene de su exitosa cadena de supermercados, en cuyas estanterías la mitad de los productos contiene aceite de palma.

La expedición de castigo británica contra el Reino Edo, como su nombre da llanamente a entender, fue una misión de venganza del imperialismo racista, lanzada contando apenas con autorización oficial[8]. Ya en la década de 1840, Gran Bretaña buscaba consolidar su control sobre diversos territorios de lo que hoy es Nigeria para asegurarse la influencia exclusiva sobre la zona. Este empeño quedó consumado y reconocido en la famosa Conferencia de Berlín de 1885, cuando las potencias coloniales europeas se repartieron África sobre la gran mesa de roble de una estancia ricamente decorada en el frío y húmedo invierno de la capital del recién unificado Imperio alemán. La conferencia había estado precedida por décadas de competición entre las potencias europeas para cerrar tratados de exclusividad entre los monarcas y las coaliciones comerciales de África (por lo general, altamente desfavorables para estos). Tras la Conferencia de Berlín, el Imperio británico emprendió «expediciones de castigo» regulares contra los reinos y coaliciones africanos por negarse a cumplir con estos tratados abusivos, por interrumpir las exportaciones de aceite de palma y por obstaculizar la acumulación británica de capital en casi cualquier otro modo posible.

La expedición de 1897 es un ejemplo de la clase de acciones imperialistas con las que se cerró un siglo convulso para esa región. La abolición de la esclavitud en el Imperio británico comenzó con restricciones a la trata de personas esclavizadas en 1807, gracias a una rebelión que llevaron a cabo en todo el mundo, principalmente, las propias personas esclavizadas, pero en la que participaron también las clases trabajadoras, los abolicionistas y los reformadores religiosos ingleses. Tras esta victoria del pueblo, muchos de los mercaderes de Liverpool, que habían amasado sus fortunas mediante la horrible atrocidad de la trata de esclavos, recondujeron sus operaciones comerciales hacia la importación de aceite de palma a Europa desde territorios de África Occidental, incluyendo aquellos que, en aquel entonces, los británicos denominaban los *Oil Rivers*: los Ríos de Aceite, no por la acepción petrolífera de *oil*, que solo cobraría importancia en el siglo siguiente, sino en referencia al aceite de palma. El comercio transoceánico de este aceite procedente de África Occidental surgió con la trata de esclavos, durante la cual a menudo era transportado en los mismos barcos que los africanos esclavizados para alimentarlos durante su tránsito hacia América o para engrasar sus cuerpos tras el viaje y darles un lustre que los volviera más deseables a ojos de posibles compradores o para esconder la severidad de sus heridas y cicatrices[9].

Mientras tanto, el aceite de palma pasó a convertirse en uno de los ingredientes esenciales de la modernidad imperial capitalista. Para dar una idea de la escala de este fenómeno, las importaciones de este aceite a Gran Bretaña (que controlaba en torno a tres cuartas partes del comercio global) se multiplicaron por 566 desde 1807 hasta 1897, cuando alcanzó su cifra más alta[10]. Las aproximadamente 64.160 toneladas de aceite refinado que se desembarcaron ese año en Liverpool, Londres y Bristol suponían entre 8 y 27 millones de días de trabajo africano, que incluían el cultivo, la recolección, el procesado, el transporte y la venta del aceite, así como la implementación de las condiciones de explotación y privación de libertad que hacían posible el resto del proceso[11]. Datos estadísticos de 1830 muestran que el aceite de palma se vendía en los mercados de Liverpool a diez veces el precio por el que era adquirido de sus productores en África[12]. En Europa, el aceite de palma se utilizaba para engrasar las ruedas y motores del imperio, constituyendo un lubricante esencial para aparatos como las máquinas industriales, las locomotoras y los motores de vapor[13]. También resultaba fundamental en la fabricación de muchos de los nuevos artículos de consumo que aparecieron a finales del siglo XIX: jabón, velas baratas, latas y, más adelante, margarina comestible. Fue precisamente el deseo de hacerse con esta sustancia lo que atrajo a los europeos a África Occidental. La popularidad del uso decorativo de las palmas aceiteras en el Londres victoriano es un testimonio de la importancia de este cultivo en tanto que materia prima y trofeo imperial[14].

A principios del siglo XIX, los comerciantes británicos se contentaban con adquirir el aceite de palma africano desde las cubiertas de sus barcos o desde los cascos de viejas embarcaciones atracados en las desembocaduras fluviales, dejando que las élites de la costa africana llevaran a cabo el trabajo sucio de extraer el aceite en el interior. Los mercaderes europeos amasaron grandes fortunas a base de proporcionar artículos para la venta a los comerciantes africanos a crédito o «en confianza», con el fin de asegurarse un suministro continuado de aceite. A mediados del siglo XIX, las arraigadas empresas familiares británicas que controlaban los almacenes costeros fueron reemplazadas por los «rufianes del aceite de palma», empresarios europeos sin escrúpulos y a menudo extremadamente violentos, denostados en su tierra por lo rudo de sus disposiciones y al mismo tiempo apreciados por los beneficios que generaban a los inversores británicos. La saturación del mercado por la demanda europea, con el consiguiente descenso de los precios desde la década de 1850; la aparición de las máquinas de vapor, las medicinas contra la malaria y otros avances tecnológicos, además del incipiente control del comercio por las sociedades de accionistas, llevaron a los europeos a adentrarse cada vez más en el interior del territorio y a tomar el control directo de la producción de este aceite. Como declaró Walter Rodney, con la industria del aceite de palma, «las fábricas de Liverpool dejaron de explotar a África trasladando físicamente su fuerza de trabajo a otra parte del mundo. Pasaron a explotar el trabajo y materias primas de África en la propia África»[15]. Eran, en un sentido tanto literal como figurado, las mismas bodegas y los mismos libros de contabilidad que habían servido en su día para transformar vidas africanas en una forma racializada de trabajo bruto, desechable y consumible para su venta en las colonias de poblamiento de las Américas, las que ahora transportaban a Europa el fruto del trabajo africano[16].

A finales de siglo, sin embargo, las necesidades de la industria y la competencia creciente entre potencias imperiales impulsaron a la administración británica a actuar con mano más dura. Bajo el disfraz de una retórica que hablaba de llevar la civilización a unas gentes sumidas en la ignorancia, los imperios europeos, en aquel entonces, estaban convencidos de que los africanos estaban desperdiciando valiosos recursos por culpa de su insistencia en practicar formas tradicionales de agricultura y comercio, actividades que, supuestamente por el bien de los propios africanos, debían planificarse de un modo más racional y científico[17].

Es importante destacar el papel central que desempeña en esta historia la estructura capitalista de la corporación: esa extraña ficción legal convertida en realidad, el fetiche por excelencia. Nacida para facilitar las arriesgadas empresas coloniales –y, más tarde, el comercio de esclavos– de la burguesía europea, que estaba alzándose en aquel entonces, esta entidad extraña y monstruosa cuya única razón de ser es generar beneficios para los accionistas obtuvo el estatus de persona jurídica mucho antes de que el derecho europeo reconociera a la mayoría de los habitantes del mundo como plenamente humanos. Cuando tuvo lugar la expedición de castigo a Benín, el comercio del aceite de palma estaba ya dominado por los intereses de grandes corporaciones (para el criterio de la época), capaces no solo de generar un capital significativo y mantener en plantilla a comerciantes y encargados competentes, sino también de pagar a milicias privadas y a miembros poderosos de grupos de presión. Las acciones en estas compañías formaban parte del movimiento habitual de capital inversor en Liverpool y Londres, donde una clase capitalista cada vez más poderosa obtenía beneficios sin tener que preocuparse siquiera por las condiciones en que se producía el aceite del que provenía su riqueza.

Mientras tanto, ante el pueblo británico, la expedición de castigo de 1897 fue justificada y promovida apelando al efecto intrínsecamente civilizador de la libertad de mercado como estrategia para acabar con la práctica bárbara del sacrificio humano[18]. Durante algunas décadas, la prensa británica había presentado el Reino Edo como la Ciudad de Sangre, gobernada por un tirano despiadado que exigía sacrificios de carne ceremonialmente ungida para apaciguar a sus dioses crueles[19]. El misionero estadounidense Robert Hamill Nassau recogió eficazmente en una sola frase la extendida demonización eurocéntrica de que eran objeto las prácticas políticas y espirituales de África Occidental al describirlas como «gobiernos del fetiche», sustentados en la manipulación cínica y tiránica de los subalternos mediante falsas amenazas de carácter sobrenatural[20]. Para los británicos, sin embargo, quizá aún más terrible que los sacrificios humanos era el modo en que el Oba aludía al poder sobrenatural del *yuyu* como razón para prohibir o monopolizar el intercambio de ciertos bienes, haciendo peligrar así el fetiche europeo del «mercado libre»[21]. El aceite de palma, sin ir más lejos, era considerado una sustancia sagrada y estaba, por tanto, bajo la jurisdicción del Oba, que regulaba estrictamente su comercio para disgusto de los mercaderes británicos[22].

Cómo, por qué y en busca de qué resultados se practicaba en el Reino Edo el sacrificio humano sigue siendo objeto de debate entre los historiadores, dificultado por el hecho de que casi todos los documentos «fiables» de que disponemos fueron elaborados por europeos, que a menudo buscaban desacreditar la cultura Edo o legitimar la intervención del ejército o de las misiones[23]. Aunque solo un puñado de historiadores pone en duda que estas prácticas se llevaran realmente a cabo, algunos sostienen que, más que tratarse de un escabroso rito religioso, las ejecuciones debían de parecerse más a la pena capital, con la diferencia de que tenían lugar en el contexto de una sociedad con un alto grado de religiosidad, en la que los actos de Estado estaban revestidos de un significado espiritual[24]. Otros sostienen que esos sacrificios humanos eran simplemente una expresión ceremonial de algo que, en realidad, hacen todos los imperios: asesinar a sus enemigos, utilizar una violencia mortífera para mantener el orden, neutralizar a los pueblos vasallos que, de lo contrario, podrían convertirse en rivales y camuflar todo esto a través de un discurso cosmológico[25]. El antropólogo William Pietz sostiene que los campos de cadáveres crucificados que algunos miembros de la expedición de castigo de Benín relatan haber encontrado en su camino hacia la capital en 1897 probablemente no reflejaran el comportamiento habitual de esa sociedad, sino que habrían sido actos desesperados de las élites religiosas ante lo que percibían –acertadamente, como luego se demostraría– como una amenaza existencial para su civilización: si los dioses que habían elevado a su grandeza a los Edo les daban ahora la espalda, o si se estaban muriendo de hambre porque no se observaba debidamente su culto, los sacrificios masivos podrían haber sido un último intento desesperado por volver a obtener su favor o reanimar su poder[26].

Quizá tales orgías de sangre acompañen la caída de cualquier imperio, cuando, como sostiene Tzvetan Todorov, se desmoronan no solo los mitos, sino sistemas enteros de simbolismo y significación[27]. ¿Tal vez podamos explicar así la crueldad vengativa de nuestra actual economía mundial y capitalista del sacrificio, en la que millones de personas se ven ofrendadas en el altar de un mercado que no parece oír nuestras plegarias ni honrar nuestros sacrificios?

Puede que nunca lleguemos a conocer de manera concluyente cuál era el papel que desempeñaba el sacrificio humano en el Reino Edo, y ello no tiene demasiada relevancia para nuestra historia. Lo que en verdad nos concierne es el uso que los británicos hicieron de este relato sobre el sacrificio humano. Justificaron la invasión del Reino Edo alegando intervenir para poner fin esa práctica atroz[28]. Al mismo tiempo, las historias sensacionalistas sobre este tipo de sacrificios les ayudaron a disfrazar, normalizar y quitar importancia a la violencia sacrificial de la invasión misma y del sistema imperialista al que pertenecía. La invasión británica dejó civilizaciones completamente en ruinas y convirtió a poblaciones enteras en vasallos. Al dirigir toda su atención hacia la forma explícita y llamativa de derramamiento de sangre que tenía lugar en el Reino Edo, a los británicos les fue posible obviar que, de la misma forma y con consecuencias más graves, su imperio estaba sacrificando a otros seres humanos en el altar del supremacismo blanco y del «libre comercio» capitalista.

Los africanos que habitaban en las ruinas de lo que había sido el Reino Edo y otros territorios presentaron resistencia. Durante los dos años posteriores a la caída del reino, los nobles y soldados del Oba, que habían sido expulsados de su tierra, mantuvieron una guerra de guerrillas contra la ocupación británica[29]. El propio Oba, pese a haber sido enviado a un exilio ignominioso, nunca llegó a ceder su trono oficialmente, y en la actualidad sus descendientes ocupan todavía el puesto con una función ceremonial en la provincia Edo de Nigeria. Aun en los casos en que la resistencia militar y política resultaba imposible, las gentes de África encontraron numerosas formas de resistir y rebelarse[30]. Algunas de ellas consistieron en negarse a trabajar, dañar o estropear de forma aparentemente accidental las infraestructuras o los suministros, desviar recursos y otras acciones incluso a menor escala[31]. La «Guerra de las Mujeres» de 1929, protagonizada por más de 10.000 mujeres, estalló como protesta ante el modo en que la administración colonial británica ejercía su mandato a través del nombramiento de gobernadores nativos varones, generalmente corruptos, que exigían sumas desorbitadas para el pago de los impuestos imperiales, especialmente a los comerciantes de aceite de palma[32].

La historia de la extracción del aceite de palma durante este período no es una narrativa simple y lineal en la que el pueblo africano, inocente y unificado, hace frente a las incursiones de los malvados europeos. La imposición de los procesos capitalistas se entremezcló con las jerarquías e injusticias locales, como la pervivencia de la esclavitud y el dominio ejercido por las élites de poder arraigadas y emergentes[33]. Lo complejo de esta realidad no debería disuadirnos de examinar el modo en que capitalismo, racismo y colonialismo se articularon conjuntamente en este contexto y cómo han pervivido hasta nuestros días.

En su fascinante estudio sobre las densas redes de interrelaciones, contradicciones y conflictos en los bosques de Indonesia –muchos de los cuales siguen siendo talados para establecer plantaciones de aceite de palma–, la antropóloga Anna Tsing nos invita a tomar conciencia de cómo el capitalismo avanza gracias a la fricción que se genera entre su lógica universal de la acumulación y las culturas, formas de vida y estructuras de poder propias de los distintos escenarios en que se desarrolla[34]. En contra de las promesas del multimillonario, filántropo e intelectual sedicente Bill Gates, con su sueño de un «capitalismo sin fricciones», el capitalismo se caracteriza por la tensión y el conflicto[35]. Gates no es sino el más reciente en una larga lista de pensadores capitalistas que sueñan que si al libre mercado se le permite prosperar sin regulaciones creará un mundo en el que todo funcionará sin trabas, en el que los talentosos y los trabajadores, independientemente de sus orígenes o de su presente condición social, podrán competir por el éxito, y donde esta competición tendrá efectos beneficiosos para la sociedad global en su conjunto en forma de más riqueza e innovación. Todavía muchos críticos del capitalismo caen presa del mito de la economía sin fricciones al tratar de explicar el funcionamiento nefario de este mecanismo demoníaco, que digiere a las personas y a la tierra para producir, además de beneficios, la propia energía que hace posible la reproducción y expansión interminable del sistema. Tsing, al insistir en que examinemos esa fricción, nos invita a tomar conciencia de cómo lo que posibilita el avance de esta maquinaria (y lo que obstaculiza su «progreso») es la fricción que se origina entre las formas de complicidad y resistencia, de conformidad y rechazo, que caracterizan cada uno de los puntos de encuentro entre el sistema abstracto del capitalismo y las realidades materiales e interconectadas de la tierra y sus habitantes.

Desarrollando la poderosa metáfora de Tsing, podríamos también preguntar: ¿cómo logra el capitalismo superar esa fricción? Aquí podríamos volver la mirada hacia el aceite de palma, la grasa del imperio. En distintas épocas, esta sustancia ha contribuido a facilitar la expansión del sistema capitalista de múltiples maneras. Siguiendo su rastro, podemos traer a un primer plano esa compleja relación entre poder y resistencia, que es la sustancia misma del mundo que juntos construimos, y alguna versión de la idea de si un «nosotros» será capaz de redescubrir las formas en que se entrelazan pasado y presente.

¿El fetiche de quién?

El interés de los británicos y otras potencias europeas por explotar la capacidad productora de África Occidental para obtener aceite de palma estaba motivado principalmente por la necesidad de lubricantes industriales. En el siglo XIX, la rápida industrialización que Europa estaba experimentando exigía al año millones de litros de este aceite refinado, solo o en combinación con otros aceites, que se utilizaban en el enfriado y mantenimiento de los aparatos de diversas industrias, como fábricas, obras públicas y vías férreas. Probablemente no sea una exageración afirmar que la maquinaria imperial, tanto literal como figurada, desde las locomotoras hasta los motores de vapor, estaba engrasada con aceite refinado de palma procedente de África Occidental.

Cuando, en 1807, los comerciantes de Liverpool dejaron de contar con los enormes beneficios que hasta entonces les había reportado la trata de esclavos, sus operaciones se trasladaron principalmente al mercado del aceite de palma[1]. Reclutaron a químicos e inversores que idearon nuevas fórmulas y aplicaciones en las que emplear esta sustancia y la promocionaron a diversos grupos de consumidores, entre ellos a los propietarios industriales[2]. Antes de que se generalizase el uso del aceite de palma, en Europa solía utilizarse sebo altamente refinado de origen vacuno u ovino. Al llegar el siglo XIX, no obstante, sus costes se habían incrementado a causa del aumento en la demanda de grasa animal por parte de las milicias imperiales europeas y las interrupciones en las cadenas de producción y distribución que las guerras ocasionaban. Además de ser relativamente caro, el sebo podía oler mal y enranciarse, especialmente durante los largos viajes por mar y en las calurosas y húmedas selvas del imperio. Aunque los costes iniciales de la importación del aceite de palma eran considerables, la economía de escala y la aparición del barco de vapor no tardaron en causar una bajada de los precios[3]. De hecho, para cuando tuvo lugar la expedición de castigo de Benín, en 1897, estos habían sufrido una caída en picado, en parte gracias a la extensa proporción del territorio de África Occidental que se destinaba a la producción de aceite de palma y a la competencia entre mercaderes europeos[4]. El desarrollo, en esta misma época, de la tecnología que permitía extraer aceites finos del carbón y el petróleo hizo que estos se convirtieran también en sustancias cada vez más deseadas, dado su bajo precio y la precisión con que podían ser manipulados para adaptarlos a aplicaciones industriales concretas.

Podría pensarse que el aceite de palma habría debido parecerle al Imperio británico una mercancía demasiado barata para justificar la inversión que requerían el despliegue de fuerza militar de la expedición de castigo de Benín y, a continuación, la implementación del sistema de administración colonial. Ciertamente, hubo algunas reticencias iniciales entre los funcionarios de las colonias, que no querían cargar con la responsabilidad de un nuevo «protectorado» rebelde y que iba a proporcionarles escasos beneficios[5]. Sin embargo, tal y como nos informa Marx y como afirma Rosa Luxemburg, contrariamente a las previsiones optimistas de los economistas políticos burgueses, la respuesta del capital a la caída de los precios y la saturación de los mercados consiste sencillamente en desplegar más violencia en busca de nuevas perspectivas de acumulación. En tales circunstancias, los imperios pasan a competir por el acceso a nuevos mercados a través de la expansión imperialista, entran en guerra para matar gente o destruyen el exceso de riqueza acumulada[6]. En el caso de la región de África Occidental, en la que se concentraba la producción del aceite de palma, este proceso se manifestó en una expansión de las operaciones costeras de las empresas europeas hacia el interior, buscando prescindir de los intermediarios africanos y contrarrestar el poder de las élites locales que controlaban el suministro de esta mercancía. Estos capitalistas exigían a sus respectivos imperios que respaldaran sus intereses cuando fuera necesario a través de la fuerza militar, bien con amenazas o de hecho[7].

Durante los últimos años del siglo XIX, cuando la industria ballenera ya había entrado en decadencia, pero aún no había tenido lugar el auge de los aceites provenientes del carbón y el petróleo ni estaba extendido el uso de la electricidad, el combustible más popular para la producción de velas era el aceite de palma. A diferencia del sebo, las velas de aceite de palma tenían un fuego más limpio y emitían menos olor, y su fabricación resultaba menos costosa. Esto se debía, en gran medida, a la deslocalización del trabajo implicado en la extracción del aceite, que era realizado en su mayor parte por africanos en egregias condiciones de explotación[8]. El abaratamiento de las velas, que las convirtió en un medio de iluminación accesible para los europeos, fue uno de los factores que contribuyeron al sacrificio del tiempo de la clase obrera en el altar de la acumulación. Aunque posiblemente muchas fábricas y edificios públicos contaran con iluminación de gas, en los bloques de viviendas de los pobres las velas todavía desempeñaban un papel fundamental como fuente de calor y de luz, especialmente para los traperos, fabricantes de cuerdas, costureras y otros profesionales que producían manualmente y a destajo los artículos de nivel intermedio que alimentaban la maquinaria industrial de la metrópolis. El comercio de velas no comenzaría a declinar hasta la década de 1890[9]. Así, el aceite de palma se convirtió en una de las armas empleadas en la conquista de lo que Jacques Rancière llama «la noche de los proletarios»[10]: las horas de penumbra, en la cara oscura de la modernidad, durante las que florecía el eros de la imaginación radical[11]. En este caso, las velas baratas no fueron tanto el resultado de un plan malvado del capitalismo como una herramienta trágica de la que los trabajadores se sirvieron para capitalizar su tiempo mediante el trabajo emprendedor en circunstancias de dificultad económica.

A los consumidores europeos las velas de aceite de palma les fueron presentadas como una opción ética. Los comerciantes de este aceite de Liverpool y sus clientes, especialmente los fabricantes de velas y jabón, anunciaban sus productos como una obra de caridad hacia los habitantes de África Occidental, a los que incentivarían a seguir trabajando en la exportación de aceite de palma, labor en la que veían una forma de dejar atrás las instituciones de la esclavitud[12]. En lo que algunos historiadores describen como una de las primeras campañas de márquetin moderno, Prices' Candles comenzó a promover el mensaje de que el consumidor europeo –una figura que estaba empezando a cobrar importancia en aquel entonces– podía cambiar el mundo con su cartera. El duro trabajo de cultivar *E. guineensis*, trepar a lo alto del ramaje para recoger sus frutos, fermentar las vainas y a continuación aplastarlas, hervirlas y refinar su aceite –labor a menudo realizada por grupos familiares enteros, obligados a ello por un sistema de servidumbre por deudas–, era, a ojos de los europeos, un trabajo honesto para almas cristianas. Este trabajo se oponía, en su imaginación, al supuesto estado previo de superstición, ociosidad y tiranía, y fue implementado mediante mecanismos heredados del sistema esclavista, que necesitaba de la colaboración de líderes locales. El mensaje que se lanzó a los consumidores europeos fue que utilizar velas de aceite de palma era cumplir con los designios de Dios, ya que con ello estaban creando un mercado para un producto que fomentaba la paz y la elevación espiritual y material[13]. Tales campañas publicitarias adoptaron y reciclaron ideas, tópicos e imágenes del abolicionismo, dando a las nuevas generaciones la posibilidad de sentirse partícipes de aquel episodio histórico: el triunfo de una lucha justa, ahora recordada con tierna nostalgia. No obstante, mientras que aquel gran levantamiento había estado impulsado, al menos en parte, por la simpatía del proletariado británico hacia gentes de otras partes del mundo que compartían su condición de explotados a manos del capital y el hecho de ser víctimas de un imperio que los consideraba desechables, las campañas publicitarias de los productores de velas y jabón tendieron cada vez más a explotar un «racismo de la mercancía» que les permitía beneficiarse de la afinidad de intereses que la narrativa de una superioridad colectiva como imperio y civilización blanca había logrado despertar entre las diversas clases sociales británicas[14]. Esta fue una de las formas en que los peligrosos vínculos de solidaridad transnacional entre trabajadores explotados fueron progresivamente sustituidos por una condescendiente caridad de consumo.

A mediados de la década de 1830, se desarrollaron las técnicas químicas que permitieron blanquear y desodorizar el aceite de palma para utilizarlo como ingrediente base en la fabricación del jabón. Entre 1801 y 1833, el consumo británico de jabón se duplicó[15]. Inicialmente, el aceite de palma se empleaba como un aditivo en jabones de lujo, pero, con la Revolución industrial, se convirtió en el componente fundamental de lo que pasó a ser un artículo de uso diario indispensable[16]. Compañías como Lever –antecesora de la actual Unilever, que sigue siendo uno de los mayores consumidores de aceite de palma refinado a nivel mundial– fueron celebradas como visionarias y pioneras de un capitalismo benéfico por las políticas ilustradas que regulaban el trato que dispensaban a sus trabajadores europeos. El ejemplo más paradigmático fue el programa utópico y paternalista de la ciudad factoría de William Hesketh Lever: Port Sunlight, situada en las cercanías de Liverpool, río arriba, una región que, desde mediados de la década de 1800, había sobrepasado a Londres como la principal productora de jabón del imperio[17]. Allí, a trabajadores que, de lo contrario, posiblemente se habrían visto obligados a vivir hacinados en bloques de viviendas insalubres bajo el espeso esmog de la ciudad industrial se les invitaba a habitar en (para la época) generosos chalets adosados unifamiliares en un complejo construido ex profeso, donde vicios como la bebida, el sexo extramatrimonial y apostar en juegos de azar estaban estrictamente prohibidos y vigilados.

Por otra parte, el trato de Lever a sus trabajadores africanos bebía de forma directa de los mecanismos de disciplina y crueldad desarrollados por la trata de esclavos en las mismas costas, si bien actualizados y combinados mediante las teorías y prácticas más novedosas de gestión de plantaciones. Esta situación resultó especialmente acusada en el Congo, donde Lever recibió grandes concesiones de Bélgica para establecer una plantación intensiva de palmas aceiteras aplicando métodos industriales al crecimiento, cultivo y procesado de un fruto que, hasta ese momento, había representado para los pequeños propietarios una oportunidad de conservar algo de su autonomía y habilidad profesional[18].

El modelo de la plantación, tal y como señala el historiador del aceite de palma Jonathan E. Robins, consiste en un proceso de profunda modificación del territorio para crear una «nueva naturaleza» y «anular la especificidad geográfica de un espacio eliminando la vegetación, expulsando a sus pobladores humanos y animales, y remodelando, drenando e irrigando el paisaje hasta que este se ajuste a un modelo universal». Este modelo solo se da en el contexto de una cierta configuración económica de recursos entrantes y mercados que dan salida a la producción[19]. La plantación, entendida como una tecnología característicamente moderna y esencialmente colonial, transforma la tierra y el trabajo, hasta entonces vinculados entre sí, en riqueza de carácter privado. Tal y como sostienen Jason Moore y Raj Patel, la plantación es la tecnología paradigmática del capitalismo para «abaratar» la tierra, la vida, la comida, los cuidados y el combustible[20]. No sin motivo, en los últimos tiempos, algunos teóricos nos han invitado a tomar conciencia de que vivimos en la época del «plantacionoceno», reconociendo así las transformaciones profundas –de hecho, aun a nivel geológico– que esta invención ha ocasionado en el planeta[21].

Las plantaciones de Lever en África Occidental, al igual que el experimento de Port Sunlight, no tuvieron el éxito que se esperaba, gracias en parte a las prácticas cotidianas de resistencia y rechazo que adoptaron los trabajadores[22]. En la región del Congo bajo dominio belga y en otros lugares en los que Lever obtuvo concesiones, los trabajadores a menudo parecían ignorar o malinterpretar a propósito las instrucciones, encontraban formas de desviar los recursos o se negaban a trabajar o a esforzarse en su tarea. Esto llevó a la compañía a idear relaciones de trabajo «innovadoras», cada vez más draconianas y extorsivas, entre las que se incluían dos estrategias que se demostraron y siguen resultando devastadoramente efectivas: servidumbre por deudas y contratos abusivos, y el uso, explícito o implícito, de la violencia por medio de fuerzas paramilitares o bandas armadas.

Aunque hoy en día el jabón es para muchos un elemento indispensable de la vida cotidiana, en la Europa occidental del siglo XIX aún había que crearle un mercado, cosa que se logró a través de agresivas campañas publicitarias[23]. Cuando el aceite de palma abarató la producción industrial del jabón, los fabricantes de este producto pasaron a ser de los primeros y mayores entusiastas en servirse del entonces nuevo medio que les proporcionaban los llamativos anuncios de revistas y carteles para generar un deseo y, a continuación, una necesidad[24]. El éxito de Lever, a pesar de su incorporación relativamente tardía a la industria, no se debió tanto a la calidad de su producto o a la eficiencia de sus operaciones como a su sagacidad como comerciante. En la década de 1920, los importadores de aceite de palma, entre los que se contaban Jurgens y Lever, tras haber acumulado dinero en abundancia y movidos por la ambición de expandir sus mercados de consumo, adquirieron tiendas para la venta al por menor en áreas comerciales (las antecesoras de los supermercados actuales) para contar con un acceso directo a sus consumidores. Uno de estos nuevos negocios fue la cadena llamada, muy apropiadamente, «Home and Colony»[25]. A finales de siglo, los británicos consumían, de media, algo más de 7,5 kg de jabón al año, con un contenido de grasa tropical de al menos el 42 %[26].

Esto se logró a través de la identificación que se generó entre el jabón y los valores dominantes de la época. El jabón fue anunciado primero a las mujeres de la clase media y, seguidamente, a las de la clase obrera, presentándolo como una forma de cuidar y proteger la familia y el hogar frente a un mundo exterior plagado de peligros, suciedad y contaminación. Esta clase de publicidad explotaba y al mismo tiempo contribuía a perpetuar ideas acerca del género y la familia que estaban emergiendo en aquel entonces, ideas que, tal y como pone de manifiesto la teórica radical Silvia Federici, estaban en último término al servicio de la acumulación capitalista[27].

Esta estrategia publicitaria contribuyó a normalizar la concepción moderna de la mujer proletaria: una trabajadora doméstica no remunerada de quien se esperaba que realizase el trabajo reproductivo necesario para que los obreros asalariados volvieran a su puesto día tras día, y que, además, gestara y cuidara a la siguiente generación de trabajadores. Aunque las mujeres europeas también participaban en la economía capitalista formal en las fábricas, el servicio doméstico y otras ocupaciones, recibían legalmente y por costumbre salarios mucho más bajos, por lo que dependían de los salarios de sus padres, esposos u otros parientes.

Las normas de género, entre ellas las que eran promovidas en los anuncios de jabón, ayudaron a normalizar un mundo en el que el trabajo reproductivo se aceptaba convencionalmente como la inclinación natural, la más alta prioridad y el mayor deseo de las mujeres, y donde dicho trabajo estaba asociado a la limpieza, la moralidad y la posibilidad de llevar una buena vida[28]. Estos eran valores afines a los de la burguesía, para la cual la concepción de la familia patriarcal como pilar de la vida económica, moral y política resultaba particularmente importante.

Los anuncios de jabón mostraban a mujeres bañando a bebés o escenas bucólicas de niños jugando inocente y pacíficamente mientras sus dedicadas madres y criadas los miraban con ternura. Mientras tanto, ciudades como Londres, Manchester, Birmingham y Sheffield se asfixiaban bajo el hollín que emanaba de fábricas y bloques de viviendas, al carecer de unas adecuadas condiciones de salubridad municipal y doméstica. El principal motivo de ello era que los más adinerados, que eran quienes movían los hilos del gobierno, se negaban a abordar seriamente estos peligros para la salud pública que, al fin y al cabo, raramente llegaban a afectar a sus hogares en las afueras o en el campo[29]. Los trabajadores, tanto adultos como niños, regresaban sistemáticamente a sus casas después de turnos de entre doce y catorce horas de trabajo extenuante en las fábricas, cubiertos de sudor, grasa y mugre. Sus caseros, cuyo interés radicaba en maximizar los beneficios del alquiler, no tenían demasiados alicientes para ofrecer a las familias obreras viviendas espaciosas o bien distribuidas, por no hablar de lujos como jardines o un suministro adecuado de agua corriente.

Cuando el jabón de fabricación industrial se abarató lo bastante para que las clases trabajadoras pudieran permitírselo, fue promocionado como una herramienta que capacitaba a cada individuo a responsabilizarse del cuidado de su higiene y de su salud en un mundo en el que esto resultaba prácticamente imposible. Riesgos de carácter social que eran resultado de desigualdades acusadas y letales pasaron a presentarse como riesgos privados que debían gestionarse a través del consumo y la modificación del comportamiento individual. Los reformadores distribuían panfletos paternalistas que enseñaban a los pobres de las ciudades a utilizar el jabón para cuidar su higiene y contribuir a la elevación moral de la raza[30]. A las clases medias, el jabón se les presentó como un instrumento mágico para proteger y preservar el hogar burgués frente a un mundo plagado de peligros económicos, políticos y morales que, irónicamente, casi siempre tenían su origen en el sistema global y la economía del capitalismo que la propia burguesía había establecido y que eran los que habían hecho posible el hogar patriarcal de la clase media en primer lugar. Para las clases trabajadoras, el imperativo de comprar y utilizar el jabón vino enunciado como la promesa de una herramienta que les permitiría mitigar los riesgos derivados de las enfermedades y la suciedad nociva que, debido a la acción de fuerzas totalmente ajenas a su control, proliferaban en la sociedad de finales de la época victoriana. En muchas, si no la mayoría, de las sociedades que practican el sacrificio humano se exige previamente la ablución ritual de la víctima[31].

Como en el caso de las velas, los anuncios con los que se publicitaba el jabón hecho con aceite de palma recurrían a tópicos propios de un imperio supremacista[32]. Algunos mostraban a niños negros que se volvían blancos por arte de magia al lavarlos con jabón, asociando las pieles más oscuras con la idea de suciedad y degeneración animalísticas, y la piel blanca, con la pureza, la higiene y la civilización. Más adelante, la publicidad pasó a defender explícitamente que llevar el jabón y la «higiene» moderna a las «razas inferiores» de la tierra formaba parte de la misión del imperio y la carga del hombre blanco. Se logró así vender, primero a la clase media, y después, a los trabajadores, un proyecto imperialista y supremacista del que la clase dominante se había beneficiado enormemente presentándolo como un proyecto conjunto de raza, contribuyendo así a aplacar las crecientes tensiones entre clases.

En este sentido, el jabón constituía un objeto profundamente imbuido de la cualidad del «fetiche». Para Karl Marx, que sin duda veía prácticamente a diario esta clase de anuncios, así como las míseras condiciones en que vivían los obreros en las cercanías de su casa, en el barrio londinense de Soho, el fetichismo de la mercancía era, esencialmente, un proceso de olvido[33]. Este concepto sirve para describir cómo llegamos a percibir ciertas mercancías como objetos casi mágicos, dotados de un poder intrínseco. El jabón, por ejemplo, se presentaba al consumidor como una suerte de talismán para ahuyentar los males y peligros que acechaban a la sociedad de la era victoriana tardía; proteger el hogar, la familia y los roles de género normativos, y ayudar a establecer y salvaguardar la división por color que supuestamente separaba civilización y barbarie. Para Marx, sin embargo, el fetichismo incluía asimismo un proceso mucho más común y más sutil, por el cual el objeto fetiche se nos presenta como surgido de la nada, desvinculado de los procesos socioeconómicos que lo han producido. En este caso, lo que queda olvidado es la explotación imperialista del trabajo africano en la que tiene su origen el jabón. Olvidados quedan también los toneleros, marineros, estibadores y transportistas proletarios que hacían llegar el aceite de palma a las fábricas europeas, y el trabajo de los obreros que, una vez allí, convertían este aceite en la mercancía del jabón.

Sin embargo, si la examinamos con atención, cualquier mercancía es una suerte de esquirla holográfica del todo más grande del sistema capitalista: una imagen de todos los procesos de explotación involucrados en todas las etapas de su producción. Si observamos a través de la óptica de la mercancía, podríamos alcanzar a vislumbrar en toda su extensión la red de relaciones socioeconómicas que sustentan cada una de estas etapas: los procesos implicados en la producción de la comida que ha alimentado a los trabajadores, cómo la reproducción de la fuerza de trabajo de estos se ha efectuado a través de la explotación doméstica del trabajo femenino, las relaciones de violencia y coerción directa o subcontratada que han hecho posible cada paso del proceso. El fetichismo de la mercancía es la magia cotidiana que hace que dejemos de ver la compleja realidad material de la que todos nosotros formamos en cierto modo parte y que olvidemos la violencia sacrificial, oculta a plena vista, sobre la que descansa la economía.

Aquí, la definición de fetiche de Marx enlaza con la de Sigmund Freud, desarrollada medio siglo más tarde y aparentemente sin haber sido influida por la anterior. Para el doctor vienés, cuyo despacho estaba lleno de objetos espirituales robados de otras civilizaciones que coleccionaba obsesivamente, el concepto de fetichismo alude a una suerte de desplazamiento psíquico. En esta definición, un objeto, una parte del cuerpo, un acto particular o un determinado tipo de persona se convierte en la única vía posible para obtener satisfacción[34]. El fetichismo, aunque a menudo inofensivo y, de hecho, bastante común, está causado por un obstáculo en el desarrollo del ego, normalmente durante la infancia, que impide que se desarrollen los apegos psíquicos y sexuales que Freud suponía normales. Detrás del fetiche suele haber algún tipo de secreto, tal vez un trauma, del que ni siquiera el fetichista es consciente; a menudo, algo que este no puede admitir sin que ello altere de manera fundamental su visión del mundo o la coherencia de su propia percepción identitaria. Freud señala que los fetichistas a menudo reconocen y al mismo tiempo se niegan a reconocer la artificialidad y arbitrariedad de su fetiche: saben que se trata de un sucedáneo, pero aun así lo quieren[35].

El aceite de palma, especialmente una vez transformado en velas o jabón, fue, pues, un fetiche europeo del siglo XIX. En el sentido marxista, estas mercancías eran consideradas como instrumentos mágicos que, en la maquinaria metafórica del capitalismo imperial, lubricaban los engranajes correspondientes al decoro, la pulcritud, el género normativo, la coherencia racial y la posición social. Al igual que la grasa de las máquinas de la Revolución industrial, este lubricante sociocultural quedó mayormente olvidado. En la mercancía fetiche del aceite de palma permaneció oculta la imagen del universo de explotaciones interconectadas del que ella misma había surgido y del que todos sus consumidores forman parte. Una imagen que, si alcanzáramos a verla, podría inspirar formas más significativas de solidaridad transnacional. La teoría de Freud nos ayuda a apreciar cómo estas mercancías sirvieron también como lubricante de los mecanismos que articularon la noción europea de identidad, en la que diligencia, deseo y valor quedaron definidos como el reflejo de la capacidad individual para adquirir jabón, velas y otras cosas que, como sabemos, o no, provienen de las manos sudorosas de otras personas.

La aparición del fetiche del jabón y las velas se produjo dentro de una determinada cosmología capitalista y supremacista, la cual ayudó asimismo a perpetuar una cosmología organizada en torno a la figura del «hombre económico» –*homo economicus*–. En este sistema, el agente económico blanco, varón y europeo es tomado como un patrón universal, que sirve como unidad de medida para todas las demás formas de vida y al que se espera que aspiren todos los seres humanos o, al menos, en principio, todos los hombres europeos. Se trata de una figura cuyas relaciones con el mundo al que pertenece están mediadas por el paradigma del mercado, inscritas en el ámbito del intercambio económico. Los europeos tacharon las costumbres del Reino Edo de fetichistas, dando por hecho que tenían su origen en el dominio de un grupo fuerte y despiadado que justificaba el brutal ejercicio de su poder alegando que el control de ciertos objetos sagrados (como muchos de los que pasarían a ser conocidos como los Bronces de Benín) les otorgaba poderes especiales, o que la posesión o el uso exclusivos de esos objetos legitimaban el carácter sagrado de su rango social y su autoridad arbitraria.

Los europeos acusaban a los africanos de disfrazar la verdadera naturaleza de las relaciones de cooperación de su sociedad al atribuir poderes mágicos a objetos construidos por ellos mismos, como máscaras ceremoniales, sonajeros, ornamentos y otros artículos. A estos objetos, que una sociedad creaba a partir de materiales del mundo y del trabajo humano, se les atribuía, en un ejercicio de imaginación infantil, una autoridad sobrenatural. Ese mito de un «otro» primitivo, atrapado en su autoengaño, ayudó a las élites europeas a consolidar una cosmología colonial y capitalista que daba por hecho que eran ellas las únicas capaces de un raciocinio autorreflexivo y transparente[36].

Pero, ¿cómo pueden considerase tan diferentes estas creencias del modo en que los europeos utilizaron mercancías como el jabón y el aceite de palma (por no hablar del dinero) para reafirmar su particular versión de lo que significa pertenecer a una especie cooperativa? Estos objetos camuflaban sus propios orígenes, pero, como hemos visto, también concedían a quienes los utilizaban un estatus especial dentro de una jerarquía global racializada, basada, en último término, en la capacidad para consumir. Las teorías económicas europeas dominantes de la época –las mismas que dieron lugar a la creencia fetichista en los poderes mágicos del «libre comercio» que sería capaz de «civilizar» a las razas que vivían sumidas en la ignorancia– se consideraban fuera del alcance del fetichismo, sustentadas exclusivamente en la racionalidad fría y calculadora del mercado. El *homo economicus* no tiene tiempo para fetiches: es un frío y burdo materialista.

Y sin embargo, él es, en sí mismo, un fetiche. Quienes tratan de emular sus ideales abstractos son, por supuesto, personas de carne y hueso: cuerpos que sienten, que se reproducen metabolizando la riqueza del mundo y existen en relaciones con otros cuerpos (humanos y no humanos) de todo el mundo (de manera desigual y violenta) a través de una red sublime de dependencia y dominación. Aun así, al imaginar que somos simplemente agentes económicos y consumidores independientes e hiperracionales, nosotros, a quienes se nos enseña a aspirar a emular esa figura cuasi divina, estamos confundiendo la verdadera naturaleza de las relaciones que nos unen a la red de la vida. Estamos también sumergiendo en el engaño nuestra verdadera participación en una economía del sacrificio que aceptamos como natural, normal e inevitable. Hacemos del mercado un fetiche, viéndolo como un cosmos independiente cuando es, en realidad, una economía que nuestras propias acciones ayudan a reproducir.

El propio concepto del fetiche, no obstante, es, tanto en Marx como en Freud, fetichista en sí mismo. Como afirma Matory, el concepto europeo del fetiche hace desaparecer sus raíces materiales. La propia noción del fetiche es un concepto robado, que tiene su origen en el lenguaje utilizado por los mercaderes, misioneros y esclavistas europeos para describir y desacreditar las prácticas espirituales de África[37]. Como en el caso de las palabras «tabú» (derivada del tongano) y «tótem» (derivada del algonquino), que ahora forman parte del inglés cotidiano, el término fue extraído de su contexto original y puesto al servicio del pensamiento colonial europeo, con lo que pasó a designar las obsesiones irracionales de los pueblos «primitivos». La noción de fetichismo, empleada por un defensor del colonialismo, aludía al poder sagrado y arbitrario que se les atribuía a determinados objetos o personas de autoridad y que, según decidieron los europeos, tenía que consistir en una simple obsesión infantiloide o responder a las cínicas maquinaciones de individuos que afirmaban poseer una autoridad espiritual para manipular a sus crédulos súbditos. A este significado del término hacía referencia la acusación de que el Reino Edo constituía un «gobierno del fetiche», es decir, que en este reino no existía otra forma de poder político que la tiranía arbitraria de sus devotos gobernantes, que utilizaban su charlatanería espiritualista, por ejemplo, para reclamar sacrificios humanos.

Lo que se consigue, pues, al instrumentalizar la palabra «fetiche» como arma intelectual es acusar a un «otro» primitivo de obsesiones infantiles y peligrosas, al tiempo que quienes la emplean se forjan una imagen de sí como inmunes a tales engaños[38]. Siempre son «ellos» los fetichistas, nunca «nosotros». Las colecciones etnológicas, como las que actualmente albergan muchos de los Bronces de Benín, no hacen sino reforzar este discurso. Con esta instrumentalización del concepto del fetiche, nosotros mismos nos privamos de la posibilidad de una reflexión profunda e introspectiva sobre cómo entre todos construimos un mundo compuesto de cosas y cómo, a su vez, esas cosas participan en la creación de cada una de nuestras individualidades y del «nosotros» que creemos formar. De este modo, no solo nos es posible «olvidar» los orígenes de cosas como el aceite de palma, el jabón o el propio concepto del fetiche, sino también que todos, cada uno de nosotros, estamos vinculados a esos orígenes. Todos hemos surgido de este mundo, cada vez más interconectado, que estamos contribuyendo a «recrear», si bien, esta vez, en circunstancias muy diferentes y con unas condiciones de libertad y oportunidad radicalmente distintas.

En el caso del jabón en el siglo XIX, el uso de imágenes derogatorias y racistas de «salvajes» ignorantes, sucios y fetichistas necesitados de la ayuda europea en cuestiones de higiene bebe de esa instrumentalización del concepto del fetiche y la reproduce. Al mismo tiempo, hace de esta mercancía un fetiche característicamente europeo, que acaba convirtiéndose en una suerte de símbolo mágico de la civilización misma. En esta representación del jabón queda camuflado el verdadero origen de su ingrediente fundamental, el aceite de palma, obtenido mediante la terrible violencia que se desató en los territorios africanos en los que los europeos tomaron contacto por primera vez con las prácticas que pasarían a considerar fetichistas. Sin embargo, esta violencia colonial, que considero de carácter sacrificial, palpita, como un corazón delator, en la propia mercancía y, al igual que el objeto fetiche de Freud, es al mismo tiempo conocida y desconocida, recordada y olvidada, banal y desconcertante. Tanto el trato fetichista que se les da a estas mercancías como las diversas suposiciones implicadas en este concepto robado tienen como resultado la inhibición de la imaginación radical y el desvío de la solidaridad hacia una forma de caridad condescendiente.

Este proceso de separación continúa aún hoy en nuestro mundo hecho de aceite de palma. No se trata tan solo de que «olvidemos» que tantos artículos que utilizamos a diario, como el jabón, se fabrican con esta mágica sustancia o dependen de ella. Ni de que tantas personas desconozcan los inmensos costes humanos y medioambientales que conlleva la producción de este aceite. Esta clase de fetichismo también se manifiesta actualmente en las reivindicaciones, el activismo y la actividad relativos al aceite de palma de muchas ONG. Por razones tácticas comprensibles, muchas campañas adoptan objetivos fetichistas, como la causa del carismático orangután privado de su hábitat por culpa de la deforestación[39]. Otras veces se centran en productos concretos, como la popular crema azucarada Nutella. El fabricante de aceite de palma artesanal, el indígena pintorescamente trágico o el pequeño propietario desbancado son a menudo presentados como las desafortunadas víctimas por excelencia de la indiferencia del consumidor occidental o de la avaricia corporativa.

Todo esto resulta en cierto modo comprensible: estas organizaciones, cuyos empleados suelen tener un conocimiento altamente sofisticado y complejo de la industria y los desafíos que esta presenta, compiten en una intensa economía de la atención por ganar simpatizantes e impulsar acciones que puedan afectar al funcionamiento de una gigantesca y poderosa industria[40].

Sin embargo, con ello están contribuyendo a una clase de fetichismo que recuerda al de los anuncios de jabón de finales del siglo XIX, y no solo cuando presentan a las personas de piel oscura como necesitadas de la beneficencia de los consumidores blancos. El economista político Oliver Pye plantea el discurso de la «sostenibilidad» del sector del aceite de palma como una forma de fetichismo de la mercancía. Este discurso trata de impulsar un activismo de consumo para exigir mejores reglamentos que lleven a una mejora específica de las «prácticas de gestión en algunas plantaciones», pero que «no tienen ningún impacto en la dinámica regional de expansión». Pye explica seguidamente que «comprar el producto comercializado como "aceite de palma sostenible" podría incentivar a una corporación a mejorar la gestión de sus plantaciones monocultivo, pero no afronta el problema de la creciente expansión de las plantaciones monocultivo. La sostenibilidad pasa a ser una mercancía, algo que se puede comprar, en lugar de una cuestión social y política»[41].

Al centrarse exclusivamente en esta o aquella víctima, animal o humana, de la industria del aceite de palma, o en este o aquel producto o empresa, estas campañas toman parte de manera inadvertida en una suerte de olvido del todo en el que se conectan los diversos elementos que integran el aceite de palma como mercancía: la historia temprana del cultivo humano de palmas aceiteras en África Occidental; las técnicas y conocimientos de biotecnología que actualmente se emplean para reproducir y seleccionar las variedades de cultivo –introduciendo así en el panorama todo un microcosmos de universidades y revistas científicas, fabricantes de materiales científicos especializados y toda la infraestructura que estos necesitan–; el acero, el plástico, los productos petroquímicos y la goma que requieren los coches y camiones que transportan las vainas recolectadas desde la plantación hasta la planta de procesado; la comida que consumen los trabajadores de estas plantas; las formas de imperialismo y neocolonialismo que hicieron de las naciones ahora independientes de Indonesia y Malasia lugares tan acogedores para la industria del aceite de palma, incluidas las décadas de contrainsurgencia anticomunista, a menudo genocida, apoyada por los Estados Unidos; las herramientas de márquetin, con origen en los anuncios de jabón de finales del siglo XIX, que actualmente nos convencen de que los cosméticos derivados del aceite de palma son orgánicos y respetuosos con el medioambiente; el modo en que a cada uno de nosotros se nos conmina a participar en una economía financierizada en la que el dinero que ahorramos o tomamos prestado atraviesa los mismos circuitos que la riqueza que mueve esta industria; la forma en que casi cualquier cuerpo humano en este planeta metaboliza o metabolizará aceite de palma para obtener de él la energía necesaria para trabajar, para pensar y para actuar.

Se trata de una red sublime, más compleja de lo que tú o yo seamos capaces de imaginar, por lo que no es de extrañar que busquemos sucedáneos, o que olvidemos y recordemos, que sepamos y no sepamos. Estos sucedáneos tan atrayentes ocultan, sin embargo, un sistema sacrificial más amplio que se cierne tras ellos. En la medida en que, en nuestra imaginación, nos identificamos como «meros consumidores», como actores con una intervención limitada al alcance de nuestra participación en el mercado, estamos implicados en el mismo orden cosmológico que exige y normaliza este sacrificio.

¿El arma de quién?

El aceite de palma tuvo un papel esencial como lubricante para las máquinas industriales, incluida la maquinaria de guerra. La rápida expansión de las exportaciones de este aceite a Europa se vio posibilitada por barcos de vapor cuyos motores y mecanismos estaban lubricados con dicho aceite, el cual engrasaba asimismo las ruedas de los ferrocarriles que se construyeron a través del territorio africano para facilitar la extracción de este aceite, minerales y otros materiales. La aparición, precisamente, del barco de vapor contribuyó también al abaratamiento del aceite de palma a mediados de la década de 1800, haciendo posible que llegara a convertirse en un artículo fundamental aun tan lejos de su lugar de origen[1]. Y fue en barcos de vapor, más rápidos y resistentes, lubricados con aceite de palma, como se transportaron, a principios del siglo XX, los brotes de *E. guineensis* a las colonias holandesa y británica, respectivamente, de Indonesia y Malasia[2]. Singapur se convirtió así en el núcleo financiero y de exportación de esta industria, y continúa siéndolo en la actualidad.

El entusiasmo que despertó el aceite de palma podría haber estado en parte motivado por la perspectiva de dar con lo que habría sido la piedra filosofal en las guerras imperiales de finales del siglo XIX: un lubricante universal para armas de fuego. Tanto los más antiguos rifles de avancarga como las armas de fuego de retrocarga y de cartuchos, más recientes, requerían cuidados y mantenimiento, especialmente en los húmedos climas tropicales en los que se desplegaban las fuerzas imperiales, como el Reino Edo[3]. Este problema cobró aún mayor importancia con la aparición del nuevo armamento industrializado de finales del siglo XIX, especialmente la ametralladora. La expedición de castigo de Benín fue una de las primeras pruebas sobre el terreno de esta arma devastadora, que hizo pedazos a los mejores soldados del Oba y a innumerables civiles[4]. En el calor y la humedad de las regiones tropicales en que se desarrollaban las guerras imperiales, los lubricantes capaces de evitar que las armas se atascasen y de preservar el equipamiento militar suponían un artículo de lo más preciado.

Liverpool, el principal puerto para el comercio de aceite de palma del Imperio británico, era también una próspera sede para el sector de la química industrial, e importadores e inversores cobraron interés por promover experimentos que pudieran abrirles las puertas a nuevos mercados[5]. La posibilidad de que estos experimentos dieran resultado debió de capturar la imaginación de mercaderes y estrategas militares por igual. Los británicos tenían muy presente el episodio que había dado comienzo a la guerra de liberación de la India en 1857. Los soldados cipayos de la Compañía de las Indias Orientales recibieron nueva munición y órdenes de abrir con los dientes los paquetes de pólvora, que probablemente habían sido sellados con grasa animal. La perspectiva, para los musulmanes, de verse obligados a probar grasa de cerdo o, para los hindúes, de vacuno, precipitó el estallido de un resentimiento contra el imperio que llevaba tiempo gestándose entre los soldados cipayos y condujo a una revuelta que se propagó por todo el subcontinente, cobrándose las vidas de miles de británicos y dando lugar a numerosas atrocidades contra los funcionarios ingleses y de la Compañía de las Indias Orientales y sus familias. La venganza de los británicos, sin embargo, es legendaria por su sádica crueldad: asesinaron a cientos de miles de personas y arrasaron ciudades enteras. Torturaron, mutilaron y violaron sistemáticamente[6].

Aunque el aceite de palma nunca llegara a convertirse en el lubricante para armas de fuego universal que soñara el imperio, podemos afirmar casi con seguridad que fue un componente fundamental en un arma imperial aún más letal. En 1865, Alfred Nobel comenzó a fabricar dinamita en una fábrica cercana a Hamburgo, donde podía obtener la arcilla con la que lograría estabilizar la nitroglicerina sintética. Este mortífero elixir químico era el resultado de la combinación de nitrato potásico (que se obtiene de forma natural del nitrato de Chile, o, refinado, a partir del guano de murciélago) y glicerina, un residuo del refinado de las grasas[7]. Es muy probable que Nobel viera en la glicerina barata y «limpia» que se obtenía del aceite de palma importado de África Occidental una opción irresistible. En las últimas décadas del siglo XIX, la importación alemana de aceite de palma, a través de Hamburgo, solo se veía superada por la de Gran Bretaña[8].

Las repercusiones de este invento son bien conocidas: Nobel vivió acosado por los remordimientos ante las catastróficas consecuencias humanitarias de su creación, lo que lo llevó a legar su enorme fortuna para la creación del premio epónimo con el fin de incentivar la paz y los logros de la humanidad. A principios del siglo XX, anarquistas y revolucionarios en Europa y otras partes del mundo hallaron en la dinamita un medio a través del cual la gente, o un pequeño número de quienes se habían autoproclamado sus defensores, podían hacer frente a los grandes poderes imperiales[9]. Un único individuo comprometido con la causa podía, armado de poderosos explosivos, atacar a pelotones enteros de soldados o policías, especialmente en los espacios no convencionales en los que se desarrollaban las guerras urbanas. Estos explosivos podían utilizarse incluso para atacar a los poderosos en sus casas, clubes y lugares de retiro: la «propaganda por el hecho» buscaba poner de manifiesto la vulnerabilidad de los poderosos y acabar con su poder fetichista sobre la imaginación de los oprimidos. La capacidad de sabotear de manera eficiente líneas ferroviarias, puentes y otras infraestructuras logísticas demostró ser un arma poderosa, aunque terrible, en manos de los oprimidos militantes. En los periódicos aparecían a menudo historias sobre conspiraciones para detonar explosivos (desde simples granadas hasta bombas sofisticadas) en ataques a miembros de la administración colonial, monarcas imperiales y magnates capitalistas. Sin embargo, el miedo al terrorismo, igual entonces que ahora, contribuyó a inspirar y justificar nuevas formas de monitorizar, vigilar y reprimir a la población.

Ni siquiera las aplicaciones industriales «pacíficas» de la dinamita que Nobel favorecía estaban libres de horrores. Esta se convirtió en una herramienta esencial para abrir pozos en la tierra y obtener así acceso directo a los minerales, desatando en todo el mundo un auge de la minería hasta entonces inimaginable, con la consiguiente violencia ecológica, económica y humana[10]. También posibilitó el desarrollo de técnicas nuevas, que permitieron nivelar el terreno y perforar las rocas para construir carreteras y vías de ferrocarril y que facilitaron la extracción de recursos de zonas del interior antes inaccesibles. Los constructores capitalistas de vías ferroviarias en lugares como América del Norte ni siquiera se molestaban en mantener un registro del número de trabajadores no abonados –los llamados «culíes»– que morían sacrificados en la creación de vías ferroviarias y otras infraestructuras industriales y logísticas a causa del empleo de dinamita barata o de su uso negligente[11].

Poco más se puede añadir acerca de la capacidad destructiva de la dinamita como arma de guerra. A principios del siglo XX, sus efectos ya se habían hecho sentir profundamente, habiendo sido empleada no solo para matar soldados, sino también para atacar a personas e infraestructuras civiles en campañas de guerra total e industrializada. Combinada con el surgimiento de la aviación militar, que permitió soltar bombas desde los cielos, tuvo el impacto de un cataclismo.

Los campos de batalla de la Europa del siglo XX a menudo han sido descritos como los escenarios de grotescos sacrificios humanos, a una escala sin precedentes, que se cobraron las vidas, la cordura y los hogares de millones de personas de clase obrera. Erich Fromm hizo la conocida observación sobre la Primera Guerra Mundial de que, mientras que en las culturas supuestamente menos «civilizadas» los bárbaros sacrificaban a sus propios hijos, en el «mundo civilizado» este barbarismo estaba convenientemente externalizado y las generaciones mayores impulsaban a sus hijos con argumentos moralistas a participar en guerras donde se asesinaban unos a otros. Las trincheras ensangrentadas y las tierras de nadie sobre las que permanecía el fantasma de los horrores acontecidos eran altares escabrosos a un dios oscuro, un híbrido de industrialismo y nacionalismo, impulsado por el imperialismo capitalista. «En el caso del sacrificio infantil –escribe–, el padre mata directamente a su hijo, mientras que, en la guerra, las dos partes se han puesto de acuerdo para que cada una mate a los hijos de la otra»[12].

La representación más famosa de la pesadilla desatada por la guerra industrializada es el *Guernica* de Pablo Picasso. Acabado en 1937, muestra las consecuencias del bombardeo de la ciudad homónima del País Vasco por las fuerzas nazis y fascistas de Alemania e Italia durante la Guerra Civil española. Tanto la precisión sádica y el poder destructivo del bombardeo como el ataque a una población civil fueron un lúgubre presagio de la Segunda Guerra Mundial, que daría comienzo dos años después, durante la cual los explosivos mataron a decenas de millones de personas y diezmaron muchas de las ciudades más pobladas e importantes de Europa.

Es bien sabido que Picasso había trabajado en estrecha colaboración con Ripolin, el fabricante de pinturas industriales y para hogares, con el fin de crear una pintura para su uso propio en lienzos de gran tamaño, la cual podría haberse estrenado en el *Guernica*[13]. Esta clase de pinturas se fabrican con resinas que en 1937 ya se sintetizaban con glicerina, y el aceite de palma era una fuente barata y fiable de esta versátil sustancia. No obstante, ni siquiera los métodos más sofisticados de análisis químico de la actualidad son capaces de confirmar el origen de la glicerina empleada, y los archivos de Ripolin parecen haberse perdido. Hoy en día, tanto los activistas como la industria del aceite de palma citan las pinturas entre los muchos materiales de uso cotidiano en los que pueden encontrarse trazas de esta sustancia. En el entorno artificial en el que vivimos, este producto nos rodea, literalmente, por todas partes.

Para la historia del arte, el *Guernica* supone quizá la más famosa e influyente expresión del estilo característico de Picasso. Aunque, formalmente, el *Guernica* podría considerarse cubista o surrealista, presenta rasgos que lo emparientan innegablemente con la etapa primitivista del pintor. El término «primitivismo» suele emplearse en alusión a un movimiento artístico del cual Picasso, con su lienzo de 1907 *Les Demoiselles d'Avignon*, fue uno de los primeros exponentes. Este movimiento tomaba inspiración de formas de arte no occidental, especialmente africano, para evocar lo que sus proponentes consideraban una expresión más vívida, directa, emotiva, erótica y auténtica. Fue a través de la emulación y la apropiación de técnicas africanas, en concreto de las de las máscaras de África Occidental y Central, como los pintores europeos fueron capaces de desarrollar lo que se consideró un medio revolucionario para expresar los afectos más cargados y ambivalentes de la modernidad[14].

El primitivismo estaba sustentado en una suerte de veneración narcisista y racista por culturas supuestamente menos «civilizadas», cuya cosmología «primigenia» permitía una expresión más cruda y directa de los impulsos creativos y emocionales de la humanidad, especialmente en comparación con las normas y convenciones de la sociedad burguesa europea, que a muchos artistas de la modernidad les parecían conservadoras y abotargantes[15]. Esta idea lleva implícita una narrativa progresista de la civilización, que sostiene que las sociedades evolucionan desde unos orígenes «simples» y primitivos, donde las personas se mueven por pasiones animalísticas, sistemas sociales tiránicos y cosmologías supersticiosas hacia formas de organización social «complejas» y autorreflexivas (aunque infelices), de las cuales la modernidad europea se consideraba a sí misma el culmen. La capacidad de Picasso para capturar y predecir en el *Guernica* el terror y el dolor con que los bombardeos aéreos marcarían la historia universal tiende a atribuirse a su técnica primitivista, si bien en 1937 esta ya era percibida como un estilo ciertamente familiar y popular, y no resultaba en absoluto tan vanguardista como antes. Al igual que el discurso del fetichismo, la estética primitivista utilizaba una versión artificial de la cultura africana, homogeneizada y degradada, para revelar las peligrosas raíces primitivas de una naturaleza humana que, se decía, los europeos habían logrado reprimir con más éxito que ninguna otra cultura.

No hay pruebas concluyentes de que Picasso recibiera inspiración directa de los Bronces robados por la expedición de castigo británica en Benín, pero estos indudablemente constituían un elemento muy notable y celebrado de las exposiciones públicas y las colecciones privadas de arte africano de principios del siglo xx. Picasso atribuye su inspiración para completar *Les Demoiselles d'Avignon* a una visita al ala africana del museo etnográfico del Trocadero en París, probablemente en junio de 1907, donde, casi con certeza, habría contemplado artefactos procedentes del saqueo del Reino Edo[16]. Aun en aquel entonces, según las tipologías racistas que Europa utilizaba para clasificar el arte africano, las piezas robadas del complejo real del Oba eran presentadas como objetos singularmente «avanzados» y, al mismo tiempo, típicamente salvajes: notables dentro del arte africano por su refinada artesanía y, a la vez, característicos de una civilización y una raza inferiores[17].

Quizá porque él mismo era producto de un entorno supremacista europeo y, en muchos sentidos, contribuía a perpetuarlo, Picasso negó rotundamente el papel del arte africano en su inspiración, y respondía con sorna cuando se le preguntaba al respecto, prefiriendo dirigir la atención sobre su propio genio creador como resultado e incluso culmen de la estética de la modernidad europea. Los críticos de la época estaban más que dispuestos a hacerse eco de este discurso. Aquí, una determinada concepción del arte sirvió para reforzar la cosmología global del supremacismo blanco, en la que la figura del artista era reflejo y homenaje de la del emprendedor, el *homo economicus*: el agente individualista que se guía por su propia voluntad y crea orden a partir del caos[18]. Picasso, en tanto que comunista, apoyó algunas de las luchas anticoloniales, pero el personaje que adoptó y promovió pertenecía a la cosmología del mercado.

Semejante cosmología se percibe a sí misma como el triunfo universal del acontecimiento histórico de la modernidad europea, que es, supuestamente, la única sociedad que ha llegado a trascender la superstición a través del uso de la razón autorreflexiva. Esta cosmología, sin embargo, ha hecho posible y se ha sustentado en un mundo de espantosos sacrificios.

En 1942, Estados Unidos desarrolló el arma que se convertiría en símbolo de la guerra neoimperialista de la segunda mitad del siglo XX combinando petroquímicos con palmitato, un ácido derivado de diversas grasas naturales pero principalmente, como su nombre sugiere, del aceite de palma: el napalm[19]. Aunque el napalm fue ampliamente utilizado por el ejército estadounidense durante la Segunda Guerra Mundial, el atractivo de esta sustancia se hizo particularmente notable con las campañas de contrainsurgencia y guerra asimétrica del imperialismo estadounidense, como la invasión de Vietnam, si bien para entonces eran ya otros los químicos de los que se obtenía la base gelatinosa que se adhería a la piel de las víctimas: una pesadilla viviente. Lo que impulsó a ejércitos como el estadounidense a utilizar esta arma despiadada fueron los éxitos rotundos que por todo el mundo estaban obteniendo las luchas anticoloniales. Si bien en los campos de batalla convencionales generalmente no eran rival para las tropas imperiales, estos movimientos insurgentes podían conseguir significativas victorias en la guerra de guerrillas, teniendo los bosques tropicales y a los simpatizantes locales como recursos estratégicos. Contando a la población local y la tierra como aliados, la estrategia de los insurgentes consistía en volver la guerra tan costosa para los invasores que estos acabaran por retirarse, lo que daría paso a la posibilidad de un verdadero autogobierno tras décadas o siglos de dominación imperial o de extracción neocolonialista de su riqueza. El napalm que se utilizó contra ellos es, en cambio, un arma notoriamente imprecisa, y fue arrojada indiscriminadamente desde helicópteros y aviones en una estrategia que se basaba en destruir a fuego el territorio. A diferencia de las ametralladoras o los explosivos, a las guerrillas insurgentes les era difícil apropiarse del napalm o reutilizarlo, puesto que normalmente carecen de fuerzas aéreas, y la destrucción ecológica no suele resultarles estratégicamente ventajosa. La contrainsurgencia imperial convirtió en desechables a la tierra y sus gentes, y abarató su valor económico en aras de preservar una economía capitalista del sacrificio.

¿La grasa de quién?

Lo más probable es que el principal contacto que tú y yo tengamos con el aceite de palma sea en forma de alimento y, en los últimos tiempos, como un alimento que debe evitarse, ya sea por razones éticas, relacionadas con sus terribles condiciones de producción, o por razones de salud, entre las que se incluye su alta concentración de grasa saturada, que tiene efectos perjudiciales ampliamente reconocidos para el corazón y que puede contribuir al desarrollo de diabetes.

Fuera de África, el consumo del aceite de palma como alimento no se generalizó hasta el siglo XX, aunque ya antes algunos empresarios habían mostrado interés en hacer de él una grasa barata y abundante con la que alimentar al proliferante proletariado urbano del siglo XIX, al que cada vez le resultaba más difícil permitirse productos básicos como la mantequilla y la manteca[1]. La asociación en la conciencia popular del aceite de palma como grasa para ejes y locomotoras hacía difícil comercializarlo como comestible, si bien a comienzos del siglo XX ya se utilizaba como alimento para el ganado y para adulterar la mantequilla que los Países Bajos y Alemania exportaban a diversos lugares[2].

El aceite de palma resultó, sin embargo, crucial en la fabricación de otra mercancía imperial del siglo XIX: la comida enlatada. El enlatado de comida empezó como un experimento militar e imperialista. La posibilidad de hallar un modo seguro, duradero y eficiente de preservar la carne durante largos viajes por mar resultaba sumamente atrayente para los almirantazgos, que tenían puestas sus miras en la conquista del mundo[3]. Hasta mediados del siglo XX, el aceite de palma fue el ingrediente esencial en la fabricación de latas, proporcionando el líquido fundente en el que las finas láminas de estaño inoxidable se unían con el hierro para luego ser moldeadas en la forma de envases cilíndricos[4].

Desde mediados del siglo XVIII hasta tiempo después de acabada la Segunda Guerra Mundial, la mayoría de las raciones con las que se alimentaban al ejército y la marina ingleses procedían de comida enlatada. Una de las razones para ello era evitar que las fuerzas militares tuvieran que depender de comida local en los territorios en los que eran desplegadas, por temor a que intermediarios sin escrúpulos pudieran aprovecharse de la situación y al sabotaje de la oposición antiimperialista local. En 1857 tuvo lugar en Hong Kong un envenenamiento en masa del personal civil y militar europeo. Este acto suscitó clamores de venganza entre los supervivientes y sus partidarios en Londres, si bien estos olvidaron muy convenientemente el contexto de los hechos: el Imperio británico estaba utilizando Hong Kong como base de operaciones para su comercio del opio, que estaba envenenando a un porcentaje estremecedor de la población china y reduciendo a condiciones casi de esclavitud a los cientos de miles de campesinos y trabajadores indios que cultivaban y refinaban las amapolas que alimentaban ese comercio insaciable y mortífero[5]. La Royal Society de Londres estaba investigando laboriosamente venenos y sus antídotos al servicio del imperio[6]. Dado el gran número de enemigos potenciales que trabajaban en las cocinas de todo el imperio, la comida enlatada constituyó un elemento crucial de la logística implicada en preservarlo. Por ejemplo, el *Malacca*, el barco militar que llevó a los marines y tropas británicos a Benín en la expedición de castigo de 1897, partió equipado con 2.200 latas de leche evaporada, 200 latas de Bovril y 120 latas de extracto de carne[7]. Estas latas habrían salido, casi con certeza, de un baño en aceite de palma.

Al igual que el jabón, la comida enlatada se convirtió en una herramienta fundamental para difundir la ideología del imperio y atraer la fidelidad de las clases más pobres. Aunque, inicialmente, la venta de productos enlatados estuvo dirigida a la clase media, presentándolos como un lujo cosmopolita para apelar a sus aspiraciones consumistas, el abaratamiento de la alimentación posibilitado por la comida enlatada hizo que esta no tardara en convertirse en uno de los pilares alimenticios de la clase obrera. Cuando la comida enlatada empezó a comercializarse a la población general, los alimentos ofertados eran los productos más emblemáticos del imperio: salmón de Canadá, carne australiana y frutas exóticas de los trópicos, cuyo consumo fue promovido como un deber patriótico. Como expone el geógrafo Simon Naylor, el milagro de la modernidad que supuso el hecho de disponer de comida enlatada segura y duradera procedente de todas partes del mundo le fue presentado a la población como un triunfo del imperio sobre el espacio, el tiempo y la naturaleza[8].

La importancia de la comida enlatada y su íntima vinculación con el imperio la convirtieron, por otra parte, en uno de los objetivos principales de los boicots[9].

No fue hasta que los químicos franceses descubrieron cómo hidrogenar las grasas vegetales, a finales del siglo XIX, cuando los europeos comenzaron a consumir el aceite de palma directamente, como ingrediente de la margarina. El consumo se aceleró con las huelgas de los trabajadores de la industria cárnica de Chicago, en torno al cambio de siglo, que provocaron una subida del precio del sebo animal[10]. Entre 1875 y 1900, el mercado de la margarina vegetal se multiplicó por cuatro, y mantuvo un rápido crecimiento durante el medio siglo siguiente, en el que se sucedieron guerra, depresión y, de nuevo, guerra[11]. El aceite de palma fue un ingrediente esencial para la fabricación de este alimento en diversos momentos y lugares.

En la actualidad, el aceite de palma blanqueado, desodorizado y altamente refinado es consumido a diario en alguna de sus múltiples formas por cientos de millones de personas en todo el mundo. En la estimación, a menudo citada, de que el aceite de palma se encuentra en más del 50 % de los productos que se hallan a la venta en los supermercados queda evidente que la ubicuidad de esta sustancia va mucho más allá de la amplia variedad de aperitivos y comestibles procesados que la emplean por tratarse de una grasa barata, apetecible y duradera: sus trazas y derivados forman parte de alimentos muy diversos y pueden aparecer bajo unas doscientas denominaciones distintas. A finales del siglo XX, las industrias láctea y de la soja pusieron en marcha una campaña para presentar el aceite de palma como un invasor tropical en la dieta estadounidense, un alimento dañino, tóxico y poco fiable. Promovían, en su lugar, el consumo de alimentos parcialmente hidrogenados procedentes de otras plantas[12]. Sin embargo, cuando, en la década de 2010, se descubrieron las desastrosas consecuencias para la salud de las grasas trans que estos productos contienen, los aceites de palma –que, como la mantequilla, mantienen una consistencia semisólida a «temperatura ambiente»– volvieron a ganar popularidad.

Para simplificar, aquí empleo el término «aceite de palma» para referirme a todos los productos derivados del fruto de la palma aceitera, ya se extraigan del bulbo carnoso o de la almendra dura interior. Hoy en día, este aceite no es la grasa más consumida a nivel mundial, pero ocupa varios nichos muy particulares del mercado. A diferencia del aceite de palma rojo o virgen de África occidental, acre y de color azafranado, el aceite de palma RBD (refinado, blanqueado y desodorizado) y muchos otros derivados industriales de la palma son neutros, incoloros y mayormente insípidos, lo que los hace atractivos a la hora de emplearlos como ingredientes o aditivos en muy diversos productos. Dado que la *E. guineensis* no ha sido modificada genéticamente, los productos que se obtienen de ella a menudo pueden recibir la certificación de «orgánicos». Los programas de certificación voluntaria surgidos a principios de los años 2000 pueden dar a los compradores de los sectores industrial y comercial una sensación de confianza (sumamente injustificada) en cuanto a estar adquiriendo productos hechos con aceite de palma de fabricación «sostenible». Este aceite puede ser procesado para extender la fecha de caducidad de alimentos precocinados y envasados, permitiendo transportarlos por todo el mundo y almacenarlos durante largos períodos sin que se estropeen. Su alto punto de humeo lo vuelve idóneo para freír alimentos industriales. Del fruto de la palma se pueden obtener una gran variedad de emulgentes, coagulantes, conservantes y otros aditivos que resultan esenciales para el funcionamiento de las cadenas de abastecimiento globales de alimentos de producción industrial.

El verdadero atractivo del uso alimentario del aceite de palma, sin embargo, es su bajísimo precio: resulta, por lo general, entre un 20 y un 30 % más barato que otros aceites, dependiendo de la aplicación a la que esté destinado[13]. Pero un precio bajo, como explican Patel y Moore, no es tanto señal de la eficiencia de la producción o la abundancia natural de un producto como de la presencia de fuerzas económicas y geopolíticas de explotación. La comida así abaratada, sostienen, ha desempeñado un papel crucial en la historia del capitalismo, al posibilitar la supervivencia y la alimentación de aquellos trabajadores que se ven desplazados de sus tierras de origen y dependen de su salario para adquirir todo aquello que necesitan para sobrevivir. El aceite de palma constituye un ejemplo paradigmático de esta clase de «comida barata»: es fabricado en condiciones cada vez más industrializadas y se vende en forma de diversas mercancías para satisfacer las necesidades alimentarias de trabajadores y poblaciones que han perdido el acceso a los medios que les permitirían garantizar su propia subsistencia nutricional. En un planeta en el que la mitad de los seres humanos vive o pronto vivirá en «barrios de chabolas» (zonas pobres, urbanizadas o semiurbanizadas de manera informal), alimentos como el aceite de palma resultan imprescindibles[14].

En la India, por ejemplo, el consumo de alimentos procesados y envasados se ha incrementado de la mano de la progresiva desaparición de los estilos de vida tradicionales ante la modernización impulsada por las corporaciones, casi en un 20 % anual desde 2014, con drásticas consecuencias para la salud de la gente pobre[15]. Poco a poco, el aceite de palma se ha convertido en el principal aceite de cocina de los pobres no solo en la India, sino en todo el mundo. En Indonesia, en 1965 representaba un 2 % de los aceites que se empleaban para cocinar; en 2010, esta cifra había ascendido a un 94 %, en gran parte a consecuencia de las campañas publicitarias, apoyadas por el gobierno, que presentaban el aceite de palma, además de como un milagro económico nacionalista, como un elemento íntimo de la cotidianeidad[16]. Debido a su bajo precio, el aceite de palma ha pasado asimismo a ocupar el lugar de otros aceites de producción local y artesanal, contribuyendo de esta manera a acrecentar aún más la dependencia de la gente pobre de esta mercancía que se comercializa a escala global. También los productos derivados del proceso de refinado del aceite de palma son cada vez más demandados para utilizarlos como aditivos en los piensos para mascotas, peces de piscifactoría y ganado[17].

Para tratarse de un producto vegetal, el aceite de palma tiene un contenido llamativamente alto en grasas saturadas, y sus efectos sobre la salud están siendo objeto de un encendido debate. Uno de los más fervientes participantes es la propia industria del aceite de palma, que tiene mucho que ganar con la promoción de este producto como un alimento nutritivo y seguro[18]. Aun al margen de cuestiones de bioquímica, la mera abundancia de esta grasa de cocina tan barata, así como la conveniencia y el precio relativamente bajo de los alimentos envasados y fritos en aceite, ha contribuido a que la incidencia de enfermedades de corazón, diabetes y otros problemas crónicos de salud en regiones en las que se ha generalizado su consumo haya aumentado dramáticamente. En la India, que es el principal importador de aceite de palma del mundo y donde suele ser consumido por los más pobres, las cardiopatías amenazan con alcanzar proporciones epidémicas[19]. Un estudio encontró que, en los países en vías de desarrollo, un aumento de un kilogramo en el consumo per cápita de aceite de palma guarda relación con un incremento en 68 de las muertes por cardiopatía por cada 100.000 habitantes[20]. Los descubrimientos recientes acerca de las propiedades carcinogénicas de este aceite también han causado gran preocupación entre los consumidores adinerados y los epidemiólogos, pero la gente pobre dispone de pocas alternativas y, en muchos casos, no tiene acceso a la información relevante[21].

El bajo precio del aceite de palma tiene poco que ver con sus propiedades naturales y todo con las circunstancias sociales, culturales, políticas y económicas de su producción. Según cálculos fiables, aunque no indiscutidos, la *E. guineensis* es la planta aceitera más productiva por acre una vez descontados los gastos que conlleva su cultivo: actualmente, las palmas generan un 30 % de todo el aceite comestible del mundo y ocupan tan solo un 5 % del terreno destinado a la producción aceitera[22]. No obstante, este cálculo depende en gran medida de que asumamos sin cuestionarlas tanto la profunda devaluación que sufren la tierra y el trabajo en las zonas donde se cultiva el aceite de palma como la capacidad de las plantaciones y los pequeños terratenientes para externalizar ciertos costes ignorando, por ejemplo, el impacto ecológico de la destrucción de los bosques pluviales o de los vertidos tóxicos de productos químicos empleados en la agricultura[23]. Otro motivo por el que este aceite resulta barato es la desvalorización del trabajo implicado en su cultivo. A diferencia de los aceites de colza o de soja, que se obtienen de plantas relativamente pequeñas y que crecen cerca del suelo, el cultivo del fruto de la palma, que crece en lo alto de árboles con un tronco cubierto de cortezas puntiagudas, es casi imposible de automatizar, por lo que requiere una cantidad considerable de trabajo humano. Producir aceite de palma como un alimento barato solo es factible, pues, a través de la desvalorización del trabajo implicado.

En la actualidad, la mayor parte de las *E.guineensis* y las infraestructuras que permiten transformar sus frutos en múltiples cosas útiles se encuentran en Malasia e Indonesia. La palma llegó a estos países a mediados del siglo XIX a bordo de barcos europeos. Empezó utilizándose como un adorno majestuoso que flanqueaba los caminos de entrada a las mansiones de los europeos, desde donde estos presidían los esfuerzos de los trabajadores migrantes que limpiaban los bosques para producir caucho, azúcar y otros cultivos industriales con los que alimentar los hornos del imperio. En este sistema, las estrategias de la plantación, un elemento básico del capitalismo desde sus mismos comienzos, se aplicaban a escala industrial[24]. Estas estrategias incluían la apropiación de tierras de indígenas y campesinos, la tala de bosques, la explotación de trabajadores desposeídos, técnicas basadas en la aplicación del principio de «divide y vencerás» para enfrentar a unos trabajadores contra otros, la servidumbre por endeudamiento y las tiendas de raya, y la movilización de bandas y fuerzas paramilitares o de «seguridad privada» para reprimir cualquier movimiento de resistencia[25]. A ello se sumó la aparición de nuevas formas de gestión en las sociedades de acciones y los mercados financieros transnacionales, que facilitaron la cooperación entre los inversores de las metrópolis y los empresarios fronterizos. Tanto ahora como entonces, la estructura corporativa supone el culmen de una suerte de escisión moral y política que da lugar a una entidad artificial sin escrúpulos, orientada exclusivamente a la obtención de rendimientos para sus inversores, lo que permite que quienes financian y se benefician de tales operaciones se laven las manos ante estos horrores, alegando que son la voluntad de un mercado omnipotente[26].

A pesar de la magnitud de la violencia desencadenada, hubo un importante movimiento de resistencia, aunque esta no siempre quedara registrada en los documentos de la clase propietaria plantacionista europea ni en los de sus clientes de la élite local[27]. La economía plantacionista del Sudeste Asiático tuvo que lidiar con huelgas e incluso con movimientos visiblemente revolucionarios. Los densos bosques proporcionaban un escondite estratégico a los trabajadores migrantes sublevados que, de lo contrario, habrían dedicado sus energías a destruirlos[28]. Como con cualquier movimiento de resistencia, la suya no fue puramente heroica ni criminal: algunos buscaban obtener modestas mejoras en sus condiciones de trabajo; otros, derechos sobre la tierra. Tiempo después, los fuertes movimientos anticoloniales que surgieron en Malasia e Indonesia bebieron de todas estas generaciones de lucha laborista militante para sostener una devastadora guerra de guerrillas contra la ocupación británica, holandesa y japonesa. Tras la Segunda Guerra Mundial, muchos de estos movimientos de resistencia tomaron la forma de insurgencias comunistas y fueron monstruosamente reprimidos por sus Estados recién independizados, con ayuda de los poderes imperialistas.

No fue hasta el siglo XX cuando las plantaciones del Sudeste Asiático pasaron a dedicarse a la producción de aceite de palma, un cultivo que prosperaba en entornos –principalmente turberas– en los que otros cultivos más lucrativos resultaban impracticables. En 1934, Indonesia, todavía posesión holandesa, reemplazó a Nigeria como mayor exportador de aceite de palma a nivel mundial. Malasia la superó en 1966, gracias a una serie de agresivos incentivos nacionalistas introducidos por el gobierno malayo mediante los que este buscaba establecer colaboraciones con los compradores y las compañías plantacionistas de Europa[29]. El *boom* económico de Malasia estuvo instigado, durante la etapa de posguerra, por la expansión del mercado de los aperitivos procesados y, de nuevo, en los años setenta, por la subida de los precios del petróleo, que impulsó a las compañías químicas a recurrir al aceite de palma como alternativa más barata[30]. En las dos décadas previas a 1984, gracias a la atenta cooperación entre el gobierno malayo, las élites nacionales y regionales, las corporaciones occidentales y el Banco Mundial, se produjo una expansión de las plantaciones de palma aceitera y se multiplicaron por 25 las exportaciones de aceite de palma, gracias en parte a la creación de refinerías de este aceite y plantas oleoquímicas nacionales[31]. En 2006, factores similares permitieron a Indonesia volver a hacerse con el puesto de líder mundial de las exportaciones de aceite de palma, una industria que había estado bajo el control del régimen autoritario y despiadado de Suharto, y que se expandió en el clima de capitalismo amiguista y de cleptocracia que quedó tras la dictadura[32]. A lo largo de estas tres décadas surgió en el Sudeste Asiático una nueva y muy poderosa oligarquía de corporaciones que, junto con los arraigados intereses –herencia de la era colonial– de compañías como Unilever, Cargill y SocFin, dirige todavía hoy la industria mundial del aceite de palma[33].

A pesar de que los agentes implicados en el refinado y la exportación del aceite de palma son relativamente pocos, el mercado global de este producto está altamente diversificado: el aceite de palma que adquieren las 137 compañías más importantes de los sectores de la venta al por menor, la restauración y la fabricación industrial no supone más que un 10 % de la producción global[34]. El otro 90 % corresponde a múltiples intermediarios y consumidores finales. Este es uno de los motivos por los que, pese a tratarse de una mercancía que circula por los mercados financieros internacionales, el aceite de palma mantiene una posición notablemente marginal y protegida frente a la especulación vertiginosa que ha afectado a otros alimentos básicos en las últimas décadas.

A pesar de tener una importancia menor en la producción mundial de aceite de palma en comparación con el Sudeste Asiático, en América Latina esta industria ha presenciado injusticias similares, si bien sus manifestaciones difieren en los distintos países, de Perú a Honduras, de Brasil a Guatemala. Si bien a principios del siglo XX tuvo lugar un breve intento por establecer plantaciones de palmas aceiteras en Brasil, la experiencia de este continente en el cultivo industrial de aceite de palma se ha desarrollado mayoritariamente tan solo durante las últimas dos décadas, a menudo después de episodios profundamente violentos, relacionados, en muchos casos, con las operaciones de la empresa dominante en la zona: la America United Fruit Company[35]. Por toda América Latina, la producción de aceite de palma ha atraído a terratenientes que buscan diversificar sus operaciones y beneficiarse del abaratamiento de la fuerza de trabajo de migrantes que, en muchos casos, se han visto desplazados a causa de décadas de conflicto o de proyectos de minería y extracción destructivos. En lugares como el Amazonas, los empresarios se han adentrado con su tala de árboles hasta lo profundo del bosque o se han apropiado de las tierras de indígenas y campesinos para establecer nuevas plantaciones[36]. Más generalmente, el cultivo de la palma suele llevarse a cabo en tierras ya despejadas que pueden haber estado previamente dedicadas a otros cultivos, pero en contextos en los que, a menudo, décadas de violencia política y una legislación medioambiental laxa o deficientemente implementada favorecen a los terratenientes y corporaciones frente a los trabajadores, muchas veces con consecuencias letales[37].

Es difícil sobreestimar el alcance de la destrucción y la transformación que la industria de la palma ha ocasionado a la vida humana y no humana. Los antropólogos Tania Murray Li y Pujo Semedi describen el sistema corporativo plantacionista de Indonesia como una ocupación militar o una operación de la mafia, con efectos devastadores para los derechos humanos, la justicia económica y la vitalidad ecológica[38]. Pye ve en el «régimen alimentario corporativo» del Sudeste Asiático un caso extremo de la proletarización explotadora que desde hace tiempo caracteriza el desarrollo del capitalismo global[39].

Recientemente, un puñado de informes prominentes ha trazado las líneas generales de este panorama. Un estudio de 2016 realizado por Amnistía Internacional sobre las operaciones en Indonesia de la empresa singapurense Wilmar International (la empresa de procesado de aceites de palma más grande del mundo, a cargo del 43 % del comercio global), halló «serias vulneraciones de los derechos humanos en las plantaciones» de la compañía, así como en las de sus subsidiarias (que son más de trescientas) y proveedores[40]. Tales vulneraciones de derechos incluían «trabajo forzado y trabajo infantil, discriminación de género y prácticas laborales explotadoras y peligrosas que ponen en riesgo la salud de los trabajadores». Además, estos abusos «no fueron incidentes aislados, sino que se debieron a condiciones sistémicas creadas por las prácticas empresariales [..., entre ellas], el bajo nivel de los salarios, el uso de objetivos y del «pago por piezas» (con el cual los trabajadores reciben su paga en función de las tareas completadas y no de las horas trabajadas) y la utilización de un complejo sistema de penalizaciones económicas y de otras clases» que afectaban desproporcionadamente a los trabajadores migrantes. Un estudio de 2013 de tres emplazamientos en Malasia e Indonesia realizado conjuntamente por la organización indonesia Sawit Watch (que investiga la industria del aceite de palma y defiende a las comunidades afectadas por ella) y el Foro Internacional de Derechos Laborales, con sede en Washington, encontró «flagrantes vulneraciones de derechos humanos en algunas de las mismas plantaciones» que la organización de supervisión voluntaria de la industria, la Mesa Redonda sobre el Aceite de Palma Sostenible (RSPO), califica de «sostenibles». Estos abusos incluían «tráfico de trabajadores, trabajo infantil, trabajo sin protección con productos químicos peligrosos y el abuso de contratos temporales durante largos períodos de tiempo»[164]. A finales de 2020, tras meses de investigación, la Oficina de Aduanas y Protección Fronteriza de Estados Unidos (una organización que no cabe considerar movida por intereses humanitarios) prohibió las importaciones de aceite de palma de la prominente corporación malaya Sime Darby Plantation (la mayor compañía de aceite de palma en cuanto a posesión de tierras, ampliamente reconocida como uno de los líderes empresariales en cuestiones de «sostenibilidad»), alegando problemas sistémicos relacionados con prácticas de trabajo forzado[163]. Muchos de estos abusos recaen sobre los trabajadores migrantes procedentes de Bangladesh, Indonesia, Nepal y la India[41], que constituyen más de un 80 % de la fuerza de trabajo de las plantaciones malayas. Esta cifra adquirió un sentido dramático cuando los desplazamientos de más de 40.000 trabajadores[42] se vieron interrumpidos por la pandemia de la COVID-19, incitando a Malasia a obligar a población encarcelada a realizar su trabajo[43].

Estos informes son solo algunos de los más destacados; como suele decirse, la punta del iceberg. En la actualidad, el historial de abusos laborales y medioambientales de la industria del aceite de palma es tristemente conocido, y las noticias al respecto encuentran amplia difusión en los periódicos más importantes del mundo[44]. Estos abusos adoptan, además, formas diversas en función de la jurisdicción local. En un eco deplorable de tiempos pasados, los trabajadores migrantes de las plantaciones a menudo se encuentran enfrentados entre sí por motivos de etnicidad o país de origen. Por lo general, gozan de muchos menos derechos y prestaciones que los trabajadores locales, lo cual deriva en abusos generalizados y sistemáticos, y lleva a que los migrantes trabajen por salarios más bajos y en peores condiciones, bajo la siempre presente amenaza de ser deportados.

Aun para los trabajadores que no son directamente migrantes, la industria del aceite de palma suele ser, como mínimo, muy exigente y, por lo general, sumamente explotadora, incluso para aquellos que poseen sus propios pequeños terrenos. A menudo, los agricultores o pequeños terratenientes, supuestamente independientes, en realidad no poseen su tierra más que de forma nominal y han pasado a depender de la financiación de agentes corporativos en niveles más altos de la cadena de producción o de terratenientes y prestamistas locales, relaciones que externalizan convenientemente la opresión y la explotación, ocultándolas bajo una apariencia de oportunidad emprendedora[45]. Aunque ciertos aspectos de la industria han pasado a estar altamente mecanizados, en muchos casos esto ha tenido el efecto de volver a concentrar el poder en las manos de quienes tienen los medios para comprar la maquinaria. La producción industrializada de aceite de palma sigue requiriendo un gran volumen de trabajo humano no cualificado, y es habitual que familias enteras, niños incluidos, sean reclutadas para el cultivo, cosecha y transporte del producto, aunque a menudo es solo el hombre que ejerce como cabeza de familia quien recibe la paga. La dimensión de género de esta explotación se ve agravada por frecuentes casos de agresiones sexuales[46]. Además, los trabajadores se ven expuestos de forma rutinaria a los productos químicos agresivos, y en muchos casos tóxicos, que se utilizan en la industria, y con frecuencia se les encarga llevar a cabo tareas sumamente arriesgadas, como cortar racimos de lo alto del ramaje o trabajar en otros entornos peligrosos[47]. En el Sudeste Asiático, América Latina y África Occidental, las sombrías repercusiones de la Guerra Fría se han hecho sentir durante mucho tiempo. En muchas de las zonas en las que hoy en día prolifera el cultivo de aceite de palma, hace una o dos generaciones los escuadrones de la muerte entrenados o financiados por la CIA llevaron a cabo su propia cosecha violenta. En muchos de estos lugares, la violencia descontrolada, la corrupción y el trato desechable a la vida humana y al medioambiente siguen asolando a la población.

Parte del problema proviene de la relativa facilidad de la industria del aceite de palma para expandirse y de cómo el cultivo de este aceite puede desarrollarse en gran medida en las zonas escasamente supervisadas del interior. Esto ha permitido que los gobiernos y grandes corporaciones generalmente miren hacia otro lado e ignoren las consecuencias que estas actividades tienen a nivel humano y medioambiental. Los múltiples mercados con los que cuenta el aceite de palma en los ámbitos nutricional, cosmético e industrial hacen de él un práctico «cultivo flexible» para los exportadores y grandes productores, relativamente protegido frente a las fluctuaciones de los precios y la demanda a nivel global. La falta de regulación y la implementación deficiente de la ya existente hacen que quemar o talar terrenos para establecer plantaciones de aceite de palma resulte relativamente sencillo, lo que ha facilitado la expansión agresiva de la industria.

Estas condiciones han contribuido significativamente al avance masivo de la deforestación global y a la destrucción de bosque pluvial según ha ido incrementando la demanda de aceite de palma[48]. En el Sudeste Asiático, los efectos de este proceso han sido particularmente devastadores en las turberas, que retienen grandes cantidades de carbono. En 2010, un 20 % de las turberas de Malasia peninsular, Borneo y Sumatra había pasado a ser territorio de plantaciones industriales, estando dos tercios de este terreno dedicados al cultivo de aceite de palma. Esta cifra no incluye a los pequeños propietarios que, pese a solo tener el control de aproximadamente un 40 % de la tierra, ejercen un impacto desproporcionado sobre la deforestación, ya que operan en los márgenes de la industria, donde la vigilancia y el control de las autoridades son escasos y resulta fácil intimidar o sobornar a los funcionarios locales[49]. El carbono emitido en la quema del terreno, además de tener consecuencias desastrosas para los esfuerzos por detener el avance del cambio climático antropogénico, ha llegado en ocasiones a cubrir la región de esmog, con graves consecuencias para la salud humana y de las demás especies[50]. Es difícil medir el alcance preciso de los efectos del aceite de palma sobre la deforestación y sus consecuentes daños a la biodiversidad, ya que esta industria rara vez se presenta aislada y sus operaciones a menudo se desarrollan en simultáneo con trabajos de ingeniería forestal intensiva, minería y desarrollo de infraestructuras. No obstante, casi todos los estudios que se han llevado a cabo en el Sudeste Asiático concuerdan en afirmar que sus consecuencias han sido catastróficas: la diversidad de la flora en las plantaciones o en sus cercanías ha disminuido, en algunos casos, hasta en un 99 % y la diversidad de mamíferos, entre un 47 y un 90 %, con un impacto similar sobre otras formas de vida[51]. Algunas estimaciones sugieren que la expansión de las plantaciones de aceite de palma tiene un efecto adverso sobre el 54 % de los mamíferos y el 64 % de las aves amenazados en todo el mundo[52]. Fuera de África Occidental (que es responsable tan solo de una fracción minúscula de la producción de aceite de palma mundial), la *E. guineensis* puede ser considerada una especie invasora y su introducción ha tenido efectos dramáticos sobre los ecosistemas locales. Las plantaciones de aceite de palma contribuyen también a la erosión del suelo y a menudo filtran pesticidas y herbicidas al nivel freático. El cultivo de este aceite ha provocado, además, transformaciones en el paisaje lo bastante drásticas para afectar el clima del Sudeste Asiático, haciendo que se modifiquen los patrones de precipitación[53].

La destrucción del bosque pluvial ha acabado con la autonomía alimentaria y las medicinas tradicionales de muchos grupos indígenas y ha puesto en peligro o destruido por completo determinados modos de vida. También quienes trabajan en esta industria sufren a causa de la destrucción medioambiental a la que se ven obligados a contribuir. Un estudio concluyente ha demostrado que los trabajadores de la industria del aceite de palma tienden a llevar dietas mucho menos variadas y saludables que otras personas de su zona en circunstancias por lo demás similares, dietas que, irónicamente, se caracterizan por incluir gran cantidad de alimentos de producción industrial, que tienen un alto contenido en aceite de palma, especialmente, fideos instantáneos[54]. Como sostiene Pye, la industria del aceite de palma se nos presenta como una gigantesca maquinaria para la fabricación de un nuevo proletariado precario, que se ve alienado de la tierra en la que vive y trabaja y que depende, irónica y trágicamente, del aceite refinado de palma y de otros alimentos de fabricación industrial para sobrevivir[55].

Casi todas las cuestiones humanitarias y medioambientales aquí citadas han dado un giro a peor en los últimos quince años a causa del auge del mercado de los biocombustibles. La Ley de Independencia y Seguridad Energéticas de 2007 del entonces presidente de los Estados Unidos George W. Bush y, dos años más tarde, la Directiva de Energías Renovables de la Unión Europea sentaron objetivos en cuanto a la proporción de combustibles que debía obtenerse a partir de fuentes «renovables». Esto llevó a los gobiernos de los países exportadores de aceite de palma a promover la expansión de la industria para responder a la creciente demanda de agrocombustible[56]. Algunas de las instituciones financieras internacionales más prominentes, junto con miembros arraigados de la industria del aceite de palma, se apresuraron no solo a hacer aumentar la oferta, sino a promover, además, el aceite de palma como una solución sostenible a la crisis climática. El resultado fue una expansión masiva de la industria, que impulsó una drástica deforestación[57].

Por supuesto, los horrores de la industria del aceite de palma no han pasado desapercibidos. Como cabría esperar, a lo largo de las tres últimas décadas algunas de las principales ONG dedicadas a la protección del medioambiente, entre ellas, grandes organizaciones como Greenpeace, Rainforest Action Network, World Wildlife Fund y Amnistía Internacional, han dirigido una atención especial hacia la industria del aceite de palma. No obstante, al menos una parte de esta atención se debe al atractivo que esta clase de campañas tiene en el Norte Global. Dado que este aceite está presente, al menos en trazas, en una gran variedad de productos que los consumidores utilizan a diario, esta sustancia tiene para los defensores del medioambiente (que en muchos casos trabajan para organizaciones que dependen de donativos) la ventaja de facilitar un punto de contacto con el público general. Para los medios y para los activistas que trabajan en ONG, en la voluble economía de la atención, la de las corporaciones occidentales –muchas de ellas nacidas en el seno del colonialismo– que utilizan «aceite de palma conflictivo», producido en condiciones deplorables, resulta una imagen atrayente. Uno de sus blancos predilectos, por ejemplo, y con razón, ha sido Unilever, que es todavía uno de los principales fabricantes de comidas envasadas y de cosméticos del mundo. En 2008, Greenpeace lanzó quizá la campaña más famosa, que consistió en subvertir las propias imágenes publicitarias de la marca, que pretendían recalcar la postura supuestamente ética de la compañía ante la cuestión de la imagen corporal. La campaña de Greenpeace incluyó maniobras publicitarias en las que los manifestantes aparecían vestidos de orangutanes y estaba diseñada para captar la atención en las redes sociales[58].

Por otra parte, esta atención ha impulsado a Unilever y a otras marcas a colaborar con la industria exportadora para forjar una nueva imagen de su aceite de palma como un producto de origen «sostenible» y ensalzar a las corporaciones «socialmente responsables» como paladines de los derechos humanos. Para combatir la publicidad negativa de sus competidores y de las ONG, la industria del aceite de palma ha reclutado los servicios de muchas de las compañías de relaciones públicas más famosas del mundo, entre ellas, las mismas que se han hecho tristemente célebres por sus servicios a la industria petrolera y las compañías de cigarrillos, que emplean en todos los casos tácticas notablemente similares: sembrar la duda respecto a la ciencia, presentar a sus clientes como ciudadanos corporativos reformados o dirigir cínicamente la atención pública hacia los pequeños y llamativos proyectos sociales o medioambientales de las compañías que representan, apartándola así de una visión de conjunto mucho menos halagüeña[59].

La industria ha sido muy hábil a la hora de ajustar su retórica para adoptar los discursos ecológicos globalmente dominantes sin alterar significativamente sus actividades. Entre estas estrategias se cuentan los numerosos programas de protección frente al cambio climático que plantean la expansión de la industria del aceite de palma como un beneficio neto, ya que, desde un cierto punto de vista muy limitado, las palmas aceiteras, en tanto que plantas, absorben carbono de la atmósfera[60].

La Mesa Redonda sobre el Aceite de Palma Sostenible (RSPO), establecida en 2004 en respuesta a las crecientes presiones de la sociedad civil en todo el mundo, es una organización mundial que busca regular y, al mismo tiempo, promover la industria del aceite de palma. Además de representantes gubernamentales y de la industria, también forman parte de ella algunas de las ONG más grandes e influyentes dedicadas a la defensa del medioambiente, especialmente, el poderoso World Wildlife Fund, una organización que tiene gran influencia en Francia y Alemania, los dos países donde el activismo de los consumidores en contra del aceite de palma parece haber cobrado mayor fuerza, gracias en parte a los esfuerzos del World Wildlife Fund[61]. Expertos, activistas locales y ONG más pequeñas han acogido esta colaboración con un profundo escepticismo e incluso con enfado[62]. En realidad, a pesar de las significativas mejoras que ha logrado introducir en las prácticas dominantes del cultivo del aceite de palma, y por las que hemos de darle crédito, la RSPO ha sido por lo general ineficaz a la hora de detener la deforestación, la apropiación de tierras indígenas, la pérdida de la biodiversidad y del hábitat de las especies o los abusos que sufren los trabajadores migrantes. Esto se debe en parte a que muchas de estas prácticas tienen lugar en los turbios territorios cercanos a la base de la cadena de producción, que a menudo se hallan en la frontera con las tierras del interior, donde los subcontratistas y sub-subcontratistas operan casi con total impunidad y sin vigilancia alguna[63]. Aun así, esta clase de abusos persisten incluso en un estimado 21 % del total de las operaciones de la industria de este aceite que la RSPO ha certificado como «sostenibles». Esto es debido a una combinación de laxitud en la imposición de las normativas, inspecciones perezosas y la magnitud y complejidad de las operaciones de esta industria[64]. Todo esto se desarrolla en el contexto más amplio de una demanda siempre creciente de aceite de palma por parte de los mercados globales, facilitada y promovida por las grandes compañías y corporaciones que se benefician de la infinita expansión de los mercados y que exigen la tala continua de nuevos terrenos y un volumen cada vez mayor de trabajo barato.

Así, elegir como blanco a la industria del aceite de palma proporciona a las ONG del Norte Global un villano convenientemente alejado en el extranjero y que, a fin de cuentas, posee escaso poder o influencia en las naciones donde se encuentran las sedes de dichas ONG. Esto no se les ha pasado por alto a los gobiernos y representantes de la industria del aceite de palma en los países productores, quienes acusan a estas ONG, generalmente con cinismo, de un neoimperialismo moralista[65]. Los recientes y sonados casos de grandes personalidades de Occidente que han expresado su preocupación (no sin fundamento) ante el impacto del aceite de palma, así como las campañas comprometidas de ciertos supermercados y marcas de alimentación y cosméticos occidentales para su prohibición, han dado lugar a una respuesta de nacionalismo popular en Malasia e Indonesia, instigada por la propia industria[66]. Desafortunadamente, el énfasis sobre las acciones de compañías internacionales, gobiernos y ONG también ha servido para relegar a un segundo plano o ignorar el trabajo de las organizaciones locales en los países productores del aceite de palma. Muchas de estas organizaciones son agrupaciones de trabajadores, migrantes, pueblos indígenas o pequeños propietarios agrarios que se han unido para protestar frente a las condiciones humanitarias y ecológicas de la industria. Algunas han tenido un éxito notable aun más allá de los confines de su entorno local, extendiendo sus logros al conjunto de la región gracias al esfuerzo solidario[67]. Sin embargo, a menudo son estas organizaciones e individuos quienes pagan, muchas veces con su vida, las consecuencias de otras campañas con mayor repercusión mediática que generan respuestas hostiles. Los asesinatos de periodistas, sindicalistas y activistas de derechos humanos y medioambientales no son, lamentablemente, nada nuevo en la industria del aceite de palma[68].

Aun así, estas contradicciones no han logrado poner fin a los enérgicos esfuerzos de resistencia frente a la industria[69]. Solo en 2021, grupos indígenas de todo el mundo en lugares como Guatemala, la provincia indonesia de Papúa y el Amazonas de Brasil han recurrido a estrategias muy diversas para proteger sus territorios ancestrales frente al acaparamiento de tierras, desde colaborar con ONG o iniciar procesos judiciales o campañas mediáticas en el extranjero hasta actos de desobediencia civil no violenta[70]. En Malasia, Indonesia, Filipinas y Colombia, los trabajadores están desarrollando un activismo fértil y cada vez más coordinado, aunque sus organizadores a menudo son objeto de tratos vejatorios, amenazas e incluso asesinatos[71]. En África Occidental y Central, las comunidades locales han estado protestando contra el acaparamiento de tierras que se lleva a cabo para dejar espacio a las grandes fincas de las plantaciones, reivindicando en su lugar el valor de la producción artesanal tradicional[72].

La historia del aceite de palma es difícil de contar, porque la responsabilidad por los horrores que conlleva es elusiva. ¿Quién es responsable de la destrucción medioambiental, los abusos a los trabajadores migrantes, el robo de tierras indígenas, los asesinatos de activistas o la aniquilación de especies enteras? Los terratenientes locales y los encargados de las plantaciones culpan a las presiones que reciben de arriba, mientras que las corporaciones se declaran ignorantes o incapaces de intervenir en lo que sucede en las profundidades de la jungla. Los gobiernos declaran estar tratando de favorecer buenas prácticas sin poner en peligro una industria que constituye uno de los principales motores de su crecimiento económico y uno de los pilares fundamentales de su competitividad a nivel internacional. Los compradores transnacionales, entre ellos prestigiosas corporaciones interesadas en proteger sus marcas, dirigen hacia sus proveedores un dedo acusador y hacen notar (con un cierto grado de honestidad) que les es casi imposible monitorizar toda la cadena de producción y, a la vez, seguir proporcionando sus productos a los consumidores a un precio asequible y manteniendo a los accionistas satisfechos. En medio de esta maraña de interrelaciones, gran parte de la atención ha recaído sobre el pequeño propietario.

Por una parte, la industria del aceite de palma y sus aliados dentro de las ONG para la protección del medioambiente, con el respaldo de los gobiernos y los medios de comunicación, se han mostrado ansiosos por celebrar al pequeño propietario agrícola como el beneficiario del *boom* del mercado y presentarlo como víctima potencial de un exceso de regulaciones o supervisión. Ciertamente, tenemos evidencias sobradas de que los pequeños propietarios pueden producir asombrosas cantidades de aceite de manera eficaz y fiable sin caer en la mayor parte de las horrendas atrocidades medioambientales y laborales que por lo demás caracterizan a esta industria y de que son capaces de hacerlo utilizando métodos que preserven la autonomía y la dignidad de los trabajadores y una relación de reciprocidad con la tierra[73]. La definición de lo que constituye un pequeño propietario, sin embargo, no suele ser precisa y con frecuencia resulta fácilmente manipulable[74]. Por otra parte, irónicamente, el fetiche de la figura del pequeño propietario que, se dice, es responsable del 40 % del cultivo de aceite de palma de Indonesia, ha permitido a los defensores de la industria dar la vuelta a este discurso, alegando que, en realidad, las grandes empresas que se dedican al refinado y la exportación de este aceite «desearían» poder implementar reglamentos para la protección de los trabajadores y el medioambiente, pero que no les es posible estar supervisando constantemente a los taimados pequeños propietarios del interior de la selva, que obran como les parece[75]. Podemos observar una ambivalencia parecida en el discurso por el cual estas fuerzas presentan a los pueblos indígenas unas veces como víctimas que necesitan protección, y otras, como gentes primitivas, avariciosas y de cortas miras, incapaces de atenerse a los reglamentos internacionales por su propio bien[76].

Así ha funcionado durante mucho tiempo la industria del aceite de palma, que en algunos sentidos constituye un microcosmos representativo del papel que juegan el emprendimiento y la inversión en el conjunto del sistema capitalista. Hasta el siglo XX, los comerciantes europeos generalmente se contentaban con adquirir el aceite de palma en África Occidental desde la seguridad de sus barcos o de sus fábricas de la costa, dejando todo lo relativo a la extracción y el transporte del crudo de aceite de palma en manos de los comerciantes africanos[77]. Este sistema fue posibilitado y, al mismo tiempo, implementado a la fuerza a través de los programas de crédito «en confianza» de los mercaderes europeos, que consistían en entregarles a sus socios africanos por adelantado armas y bienes con los que comerciar a cambio de que pagaran por ellos más adelante[78]. La deuda, entonces igual que ahora, fue utilizada tanto voluntaria como involuntariamente como una herramienta de extracción y control. Los beneficiarios de este sistema eran, en último término, los financieros y capitalistas mercantiles de Londres y Liverpool, que podían lavarse las manos de los negocios esclavistas e hiperexplotadores que tenían lugar en los niveles más bajos de la cadena del proceso económico.

Aunque la economía política del aceite de palma es, en muchos sentidos, un caso particular, tal vez ponga de manifiesto algo más universal: el capitalismo, en tanto que sistema global, fuerza e incita a todas las partes implicadas a adoptar una actitud de competición para sobrevivir, ya se trate de agricultores independientes, trabajadores migrantes, jefes de fábricas, ejecutivos empresariales, operadores financieros, compradores para una compañía, publicistas, encargados en tiendas, consumidores e incluso ONG. Si las personas y el planeta son sacrificados a la industria es porque esta es, en muchos sentidos, un elemento emblemático y constitutivo de un sistema más grande de capitalismo sacrificial que vuelve a casi todo el mundo un poquito cómplice, si bien a algunos más cómplices que a otros, y con muy distintos costes y consecuencias. La historia del aceite de palma pone de manifiesto una red mundial de coerción, cooperación y competición en la que podemos comenzar a apreciar las interrelaciones que caracterizan a una especie ahora global. La naturaleza de estas interrelaciones, tanto en el macronivel del sistema en su conjunto como en el micronivel de la motivación individual, está determinada por el «poder fetiche» del mercado, que aceptamos como normal, natural, inevitable e incuestionable. Y sin embargo, en su base está, oculto a plena vista, el material bruto y elemental que es nuestra capacidad de cooperación, la cual podría, idealmente en un futuro, estructurarse de otra forma, en busca de otros horizontes que alberguen más paz y abundancia.

¿El excedente de quién?

Para justificar la constante expansión de la industria del aceite de palma, sus defensores a menudo se aprovechan de la extendida preocupación derivada de la realidad de una población mundial en continuo crecimiento, que necesita alimentarse de forma asequible[1]. Estos argumentos hacen referencia implícita o explícitamente a mitos sobre la superpoblación que tienen su origen en teorías eugenésicas racistas y que a menudo son utilizados para justificar o racionalizar el sacrificio de personas –típicamente, personas racializadas o estigmatizadas de algún otro modo– en nombre de la idea abstracta de un bien mayor[2]. Lo que queda invisibilizado en estos discursos son las condiciones socioeconómicas capitalistas dentro de las cuales las poblaciones y los recursos se vuelven abundantes o escasos, así como las grandes diferencias entre el consumo de ricos y pobres[3].

En este contexto, el aceite de palma proporciona alimento a cientos de millones de personas que han sido relegadas a lo más bajo de las jerarquías globales de seguridad e ingresos y que a menudo se ven completamente excluidas de la economía capitalista formal, hasta el punto de no poder permitirse más que esta grasa artificialmente abaratada. Su propia reproducción física, que está socialmente determinada, la metabolización de energía a partir de alimentos para mantener un corazón latiendo o una mente pensando dependen del aceite de palma. El metabolismo de la *E. guineensis* consiste en la conversión de luz solar, agua y nutrientes del suelo en vainas carnosas. El capitalismo metaboliza estas vainas para generar comida abaratada que puede consumirse en el otro extremo del mundo. Se trata de una cadena de procesos metabólicos que empieza con la luz solar y termina con la fuerza de trabajo humana, la cual está mediada por las relaciones capitalistas y la escasez artificial de dinero que obligan a todos los individuos a lo largo de dicha cadena a tomar decisiones que, de lo contrario, tal vez no tomarían o tomarían de otra manera.

Georges Bataille considera que todas las sociedades sobre la tierra practican el sacrificio, atendiendo al hecho universal de la magnitud sublime y casi infinita de la radiación solar, responsable de casi toda la vida en la tierra. A diferencia de una larga tradición en el pensamiento económico europeo que ha asumido que el funcionamiento de cualquier sociedad está fundamentado necesariamente en la gestión de la escasez, en la herética opinión de Bataille, el problema radica más bien en una abundancia disfrazada. Hay demasiada energía, demasiada vida, hasta el punto de poner en peligro la legitimidad de aquellos sistemas y estructuras de poder basados en el presupuesto de la escasez. Aquí, riqueza y escasez se nos presentan como constructos humanos, términos que no están definidos por hechos materiales objetivos, sino que surgen de un modo determinado de organizar la sociedad. Las formas en que los objetos y las personas se tornan valiosos y son definidos como escasos justifican y reproducen el poder social. Este orden social arbitrario de riqueza y escasez se ve amenazado por la realidad innegable de la abundancia del sol, lo que lleva a las sociedades a la necesidad de inventar rituales y prácticas que les permitan desprenderse de riqueza a través del sacrificio. Sí, por supuesto: la riqueza ofrecida es aquella que se materializa en objetos preciosos y la que encarnan los animales más preciados, cuyo sacrificio, se dice, agradará a los dioses. Pero también es la más valiosa de todas las cosas, el creador del valor mismo: la gente. Para Bataille, testigo de dos guerras mundiales y de muchas otras cosas, el sacrificio humano distaba mucho de haber quedado abolido en la modernidad europea. Tan solo había adoptado nuevas formas. En una sociedad convencida de la inevitabilidad de la escasez como un hecho, el sacrificio pasó a convertirse en un secreto público, ejercitado y justificado a través de la fría lógica del mercado o de la justicia beata del Estado.

Quizá no exista sociedad humana en la que el sacrificio humano se atreva a decir su nombre. Quizá el sacrificio se disfrace siempre como una ofrenda voluntaria, una inevitabilidad cósmica o un justo castigo. En el capitalismo, el sacrificio se nos presenta elevado a la categoría de una necesidad hiperracional e implacable del mercado. Este enfoque ayudaría a explicar la cruel ironía que caracteriza nuestro mundo: como especie, atendiendo a la mayoría de los criterios materiales, tenemos más riqueza que nunca, y sin embargo, millones de personas padecen malnutrición y otros problemas debido a la falta de alimentación suficiente y segura, y otros cientos de millones se ven obligados a salir adelante con tan solo los bienes más esenciales[4].

Cabría decir que el aceite de palma es la grasa de los pobres del mundo. Entre 1981 y 2015, su producción mundial se ha multiplicado por doce. En torno a un 70 % de este aceite termina formando parte de productos alimenticios. Según las estimaciones de la industria, las grasas supondrán en torno al 45 % de todas las calorías adicionales que se consumirán globalmente entre 2011 y 2030, siendo el aceite de palma la más barata, versátil y fiable de todas ellas por un margen considerable[5]. Cierto es que el aceite de palma todavía se encuentra en una amplia variedad de productos de alta gama, sobre todo en cosméticos, una industria en la que dudosos programas de certificación permiten que aparezca en el etiquetado bajo el nombre de sus derivados y nunca mencionado directamente. En muchos casos, también es posible clasificarlo como «orgánico» para atraer a los consumidores más adinerados. De hecho, pese a haber sido desde el siglo XIX, como hemos visto, una de las principales materias primas empleadas en la producción de jabones y cosméticos, más recientemente el aceite de palma se ha beneficiado del giro hacia un «consumo ético» que presume de sus productos y certificaciones «veganos», si bien esto no cambia el hecho de que el estigma recientemente asociado a este aceite –debido en gran parte a las noticias sobre los desastrosos costes humanitarios y medioambientales de su producción en Indonesia y Malasia– ha consolidado en el Norte Global la idea de que quienes pueden permitirse evitarlo deberían hacerlo. Este impulso quedó reflejado en el intento, posteriormente abortado, del gobierno francés por implementar un «Impuesto Nutella» sobre los productos de importación fabricados con aceite de palma. Con ello se buscaba, por una parte, presionar a los exportadores para que mejorasen las condiciones medioambientales del proceso de producción y, por otra, hacer disminuir el consumo de alimentos procesados perjudiciales para la salud, que son consumidos principalmente por la población con menos recursos[6].

El problema que estas medidas evitan persistentemente abordar es la compleja relación que hay entre la grasa y la pobreza: lejos ya de la habitual asociación decimonónica de la corpulencia con los excesos del estilo de vida de las clases acomodadas, hoy en día la grasa está asociada con la «indignidad» de los pobres, a los que se representa como incapaces de adoptar un nivel adecuado de autocontrol neoliberal[7]. Las prohibiciones e impuestos sobre las grasas comestibles, al igual que los que se aplican al azúcar, explotan ciertas ansiedades culturales que asocian la grasa con la debilidad moral y la falta de autocontrol. Estos mitos no hacen sino ocultar las diversas formas en que quienes en verdad sufren los efectos de la pobreza se ven sistemáticamente privados de los ingresos disponibles, el tiempo y los demás recursos necesarios para llevar dietas más socialmente aceptables o realizar otras actividades saludables.

La grasa es una parte esencial e importante de muchos organismos, especialmente para los mamíferos, como lo somos los humanos, que hemos evolucionado para utilizar considerables cantidades de grasa para regular nuestro calor corporal y acumular energía. En el clima cultural del capitalismo tardío, sin embargo, la grasa suele presentarse como una suerte de excedente inútil y peligroso, un crecimiento indebido e insano. Como señalan los expertos que mantienen una postura crítica ante la pseudociencia del «índice de masa corporal» y otras medidas fenotípicas de la grasa, la apariencia de lo que se considera un exceso de grasa corporal está altamente estigmatizada de un modo que va claramente más allá de la preocupación, a menudo proclamada con tono moralista, por el bienestar individual o, incluso, por la salud pública[8]. Esta falsa preocupación se vuelve aun más indignante al obviar las condiciones socioeconómicas que llevan a que la acumulación de grasa afecte desproporcionadamente a quienes viven en situaciones de pobreza o precariedad. El estigma asociado a la gordura es, en muchos sentidos, producto de normas estéticas y formas de medir el cuerpo desarrolladas por las teorías del racismo científico de la Europa decimonónica, métodos que han trasladado, asimismo, estas normas al siglo XXI[9].

El problema central en la representación tanto de la grasa como de los pobres radica en un miedo y un tratamiento patológico de la carne excedente que despoja de su valor a quien la posee y hace recaer sobre esa persona la responsabilidad de gestionar los riesgos derivados de un sistema generador de miseria. El miedo a la «superpoblación» y a una «epidemia de la obesidad» evidencia una comprensión sumamente errada pero económicamente rentable del problema subyacente, en la que queda invisibilizado el sistema global de capitalismo racial, dentro del cual tienen lugar la reproducción humana y el metabolismo individual. En los dos casos, lo preocupante no es el exceso de carne, sino que la carne es del tipo «equivocado».

Tanto las normas y creencias sobre el tamaño y la forma del cuerpo como la ideología que subyace a las preocupaciones relativas a la superpoblación están históricamente definidas, es decir, pertenecen al ámbito del poder. En la actualidad, ambas forman parte de un sistema capitalista global en el que la lógica fundamental de la acumulación ha suplantado o dificulta enormemente todas las demás formas de organización social y valor económico[10]. En este sistema, el valor de un cuerpo o de una población queda definido en gran medida por su habilidad para facilitar la obtención de beneficio económico. La trayectoria del aceite de palma nos ayuda a encontrar las conexiones entre los destinos de cuerpos individuales y de grupos de población enteros.

Cabría afirmar que el aceite de palma ha sido el motor de la mayor migración en la historia del mundo[11]. En China, desde la década de 1990 hasta la actualidad, no menos de 200 millones de personas se han desplazado en busca de trabajo desde pueblos y pequeñas ciudades a grandes ciudades industriales, principalmente en las provincias del Sur del país. Gracias a una serie de relajaciones regulatorias, incentivos y programas gubernamentales que se iniciaron a finales de los años setenta bajo el mandato del primer ministro Deng Xiaoping, China se ha convertido en el taller del mundo, y ciudades enteras han surgido para dar cabida a las nuevas fábricas y las residencias comunales donde viven los trabajadores[12]. Esta drástica modificación demográfica, recibida oficialmente con desaprobación, pero extraoficialmente promovida por el gobierno chino, llevó a muchos trabajadores migrantes en busca de fortuna a situaciones de explotación y privaciones extremas, en condiciones que incluían la servidumbre por deudas, una sobrecarga laboral crónica y prohibiciones contra la formación de sindicatos independientes[13]. En este contexto, los fideos de ramen instantáneos se convirtieron en una mercancía esencial. Ahora conocidos en todo el mundo, estos paquetes individuales de fideos deshidratados con sabores sintéticos son famosos por tener una vida útil casi infinita, una popularidad que va más allá de barreras culturales y un precio bajísimo, a cambio del cual ofrecen una ración fiable de 375 kilocalorías de harina blanca refinada de trigo y aceite vegetal –típicamente de palma– aderezados con una buena dosis de sodio y glutamato monosódico[14]. Según algunas estimaciones, en 2017 se consumieron en el mundo más de cien mil millones de raciones de fideos de ramen instantáneos, posiblemente más que cualquier otro producto envasado individual[15].

Estos fideos instantáneos envasados tienen su origen en el bajo precio del trigo y la grasa (originalmente aceite de soja) que los Estados Unidos soltaban a modo de ayuda en sus protectorados de Asia Oriental, Corea del Sur y Japón después de la Segunda Guerra Mundial y la guerra de Corea[16]. Desde entonces, los fideos instantáneos envasados se han convertido en uno de los productos básicos para las fuerzas de trabajo migrantes de todo el mundo. En China, los fideos instantáneos envasados son ahora parte integral de la vida de los más pobres del país, especialmente en las residencias comunales y los apartamentos abarrotados donde viven los trabajadores migrantes. En este sentido, han sustentado, y siguen haciéndolo, la producción de una enorme proporción de la cultura material del mundo, que proviene de esas fábricas. Mientras escribo, casi todo lo que tengo a mi alrededor proviene o contiene partes fabricadas en plantas de la costa china, donde estos fideos instantáneos con un alto contenido de aceite de palma son parte integral de la dieta de los jóvenes trabajadores migrantes: muchas de las piezas del ordenador en el que escribo, el encerado de la mesa en la que este se apoya, el botecito de plástico con crema de manos y los zapatos que calzo, entre muchas otras cosas.

Aunque solo dan cuenta de una pequeña fracción del consumo mundial de fideos instantáneos, mi interés se ve atraído por las historias, a menudo sensacionalistas, de los medios sobre cómo, en las prisiones estadounidenses, los paquetes de «sopa», como se los llama allí, se están convirtiendo en la «nueva moneda»[17]. Muchas de estas historias se centran en lo extravagante de este fenómeno, en un eco inquietante de la fascinación europea por las prácticas de comercio fetichista de los africanos y otros pueblos no europeos que parecían apreciar incorrecta o idiosincrásicamente ciertos bienes «sin valor» por encima de otros auténticamente valiosos, un paralelismo llamativo dada la desproporcionada presencia de personas de descendencia africana en esas prisiones[18].

Estas instituciones, muchas de las cuales están gestionadas por corporaciones o dependen para su funcionamiento de servicios que estas proporcionan, tienden cada vez más a trasladar los costes del encarcelamiento a las personas encarceladas y sus familias[19]. Las dietas de las prisiones, que en muchos casos provienen de los excedentes del ejército estadounidense o de productos que los fabricantes consideran inadecuados para la venta, a menudo son incomestibles o insuficientes. En una típica «bolsa» de la comida en prisión (pan, queso procesado, carne procesada, una galleta, un zumo en polvo y condimentos), es casi seguro que todos los elementos incluidos contengan aceite de palma. Muchas personas encarceladas dependen, pues, de comida adicional para asegurarse de poder reponer el gasto metabólico de sus cuerpos, especialmente en un contexto en el que el trabajo físico, recompensado mediante los sueldos drásticamente reducidos de la prisión, es la única forma de obtener una cierta independencia económica y donde muchas de estas personas ponen un gran empeño en entrenar su fuerza física mediante el levantamiento de pesas, ya sea para preservar su salud física y mental o por verse en la necesidad terrible de ser capaces de protegerse de los guardias y otros presos en un sistema caracterizado por una violencia rutinaria de carácter tanto estructural como no estructural.

A diferencia de las raciones inconsistentes y a menudo incomestibles de la prisión, los fideos instantáneos, que se adquieren a través del departamento de comedor de la prisión –típicamente de gestión privada– con un enorme margen de beneficio, proporcionan calorías fiables y seguras. Esto, unido a su vida útil casi infinita y a la uniformidad propia de los alimentos envasados, ha hecho de ellos un popular medio de intercambio y de acumulación de valor en el contexto de la vida en prisión. El antropólogo Michael Gibson-Light describe las ingeniosas maneras en que los encarcelados crean economías paralelas basadas en la sopa, que incluyen redes complejas de endeudamiento y ayuda mutua. También ilustra cómo esta economía constituye una forma de resistencia frente a un modelo neoliberal cada vez más punitivo de encarcelación en masa. Antes, en las prisiones, la política de la alimentación proporcionaba un ámbito desde el que ejercer la protesta, «a través de manifestaciones como boicots a la fila del comedor, sentadas o huelgas de hambre [..., pero] esta clase de tácticas directas se han vuelto relativamente poco frecuentes en la institución penitenciaria contemporánea». En su lugar, «las prisiones actuales son escenario de actos de resistencia estratégica en diverso grado, siendo cada vez más importantes las prácticas encubiertas orientadas a diluir o eludir las estructuras de poder de la prisión». Señala además que «expresiones más sutiles de poder y autonomía, como esconder, acumular o preparar comida en contra del reglamento institucional, se han vuelto más frecuentes y efectivas»[20].

Gibson-Light considera que este cambio en las tácticas de resistencia está íntimamente ligado al cambio que ha experimentado la naturaleza de las estructuras penales de Estados Unidos, que han pasado a estar orientadas a la encarcelación en masa. «Bajo la "antigua penología" del siglo XX, los reglamentos y la administración penales trataban a los delincuentes como pupilos bajo la tutela particular del Estado, prestándose especial atención al diagnóstico y el tratamiento». Ello, sostiene, contribuyó a la popularidad del cigarrillo como mercancía de intercambio, con su connotación de «aspecto retraído» y «aserción de autonomía frente al tratamiento y la responsabilidad»[21]. El cigarrillo representa un instrumento de rechazo frente a un régimen biopolítico que se justifica en la idea de «hacer vivir» y reformar el comportamiento del prisionero para transformarlo en un miembro funcional de una sociedad capitalista, en un trabajador autorresponsable. Sin embargo, «con el desarrollo de una nueva penología neoliberal [...], se ha pasado a tratar a los presos como grupos agregados y consumidores de servicios». Por eso, la resistencia se ha trasladado al ámbito de la nutrición. Consumir e intercambiar sopa, que es un alimento fiable aun cuando insuficientemente nutritivo, es una forma de oposición frente a un régimen sacrificial. A medida que en Estados Unidos las prisiones pasan a entenderse cada vez más como instituciones cuyo cometido no es la reforma de individuos criminalizados sino, esencialmente, el almacenamiento de seres humanos y la extracción privatizada de riqueza a partir de su miseria, la resistencia a menudo se traslada al ámbito de la propia vida o, quizá más acertadamente, al ámbito de la lentitud en la muerte.

Ruth Wilson Gilmore, en su histórica teorización de la prisión como vehículo de diversas formas de acumulación del capitalismo tardío, plantea las distintas formas de racismo sistémico de las que la institución carcelaria es emblema y piedra angular como «la producción y explotación, ya sea de forma extralegal o sancionada por el Estado, de la vulnerabilidad de grupos diferenciados a sufrir una muerte prematura»[22]. Wilson Gilmore, además de ilustrar cómo las prisiones –no solo las privatizadas, sino también las públicas– suponen múltiples oportunidades para generar beneficios, sostiene que funcionan como un «arreglo» para las crisis inherentes a la acumulación capitalista. Aquí, Wilson Gilmore toma como base y amplía la teoría marxista de cómo el capitalismo trata, inevitablemente, de crear «arreglos» para las contradicciones y crisis inexorables e irresolubles a las que da lugar. El capitalismo, como puede que ya haya quedado manifiesto en lo que va de esta historia, no es una conspiración de las élites pudientes, aunque en él tienen cabida relaciones de colusión y cooperación entre estas. Se trata más bien de un sistema impulsado por la competición y la rivalidad entre capitalistas y corporaciones que actúan buscando beneficios. A causa de esta competición intrínseca e implacable y de la «fricción» que en todas partes genera la resistencia de las personas, el capitalismo explota constantemente en grandes crisis episódicas y sistémicas. Estas crisis no pueden resolverse definitivamente sin alterar la naturaleza fundamental del sistema, por lo que es necesario buscarles diversas clases de «arreglos» provisionales. En último término, no obstante, cada uno de estos apaños no es sino un desplazamiento de la contradicción, que vuelve a manifestarse en otro lugar y en una forma nueva, a menudo sin relación aparente[23].

Según Wilson Gilmore, el «arreglo carcelario», consistente en la encarcelación masiva de personas, no solo permite crear múltiples oportunidades de lucro para el personal a cargo del funcionamiento diario, la gestión, el mantenimiento y el aprovisionamiento de estas instituciones, así como justificar un incremento del gasto en vigilancia; también hace posibles otros apaños de carácter sistémico. Entre estos, resulta crucial el «arreglo» para el creciente problema de la denominada «población excedente»: personas que dependen del capitalismo para obtener salarios con los que sobrevivir, pero a cuya fuerza de trabajo el capitalismo no sabe dar un uso lo bastante provechoso[24]. El capitalismo, que está impulsado por la competición entre capitalistas, con frecuencia genera circunstancias en las que los trabajadores se encuentran desempleados, por ejemplo, cuando la competición hace descender los precios hasta el punto de que algunas empresas, incapaces de seguir compitiendo, se ven obligadas a cerrar, o cuando la aparición de nuevas tecnologías lleva a la modernización de una determinada área del proceso productivo, haciendo que ya no se necesiten trabajadores a la manera tradicional, o a que antiguos productos se vuelvan innecesarios. Estas circunstancias a menudo dan lugar a episodios de desempleo periódico para algunos trabajadores y, ocasionalmente, a etapas como las recesiones y depresiones, más largas y de impacto generalizado[25].

El capitalismo siempre se ha caracterizado por el problema de las poblaciones excedentes. Tiende, de manera estructural, a perturbar u obligar al desplazamiento de todos aquellos modos de vida en los que las personas se organizan de forma no capitalista[26]. El colonialismo, el cercamiento de tierras comunes en Europa y, cada vez más, los proyectos intensivos de extracción son, todos ellos, parte de esa tendencia, que lleva a que las personas sean expulsadas de la tierra que las sustenta, muchas veces de forma violenta, viéndose de este modo obligadas a migrar en busca de trabajo, a menudo a ciudades o plantaciones[27]. Como ya vimos al hablar de las plantaciones de aceite de palma del Sudeste Asiático, estos grupos de trabajadores desplazados pueden resultar extremadamente rentables para quienes necesitan una fuente de trabajo devaluada y explotable[28].

En una época anterior, el aceite de palma sirvió como lubricante de los engranajes de la maquinaria industrial y bélica del capitalismo. Hemos visto cómo también aportó la clase de mercancías que contribuyeron a afianzar la ideología racista del colonialismo y el patriarcado burgués y causar división y enfrentamiento entre los oprimidos del mundo. Además, hemos visto cómo sirvió, literalmente, como arma para «contener» los movimientos de insurgencia anticapitalista en todo el mundo. Ahora, en las residencias comunales chinas de ciudades en plena explosión demográfica y en el sistema penitenciario de Estados Unidos, la reproducción del capitalismo vuelve a verse facilitada por el aceite de palma, pero de una forma nueva y diferente. En este caso, en lugar de reproducir las condiciones necesarias para la acumulación de capital mediante la producción industrial y la violencia del Estado, el aceite de palma se emplea para facilitar, en un sentido más literal, la reproducción del cuerpo proletario o subproletario en tanto que carne excedente.

Esto favorece, a su vez, la reproducción del capitalismo en un momento en el que este se ha entretejido hasta tal punto con la vida y la existencia humana que posiblemente la mayoría de las personas del planeta se han visto despojadas de sus medios de subsistencia y han pasado a depender del capitalismo para sobrevivir[29]. Se trata, no obstante, de una forma de capitalismo que, cada vez más, no encuentra utilidad económica para esas personas en tanto que trabajadoras, sino solo como consumidoras y solo en la medida en que posean dinero o tengan posibilidad de endeudarse. Aun así, algún residuo de escrúpulo moral de los poderosos, o quizá la necesidad de mantener un nutrido «ejército de reserva» de trabajadores, impide que se deje simplemente morir de hambre a quienes se considera excedentes. En su lugar, por motivos estructurales, son sacrificados: encarcelados en prisiones que pueden costarles la vida, relegados a «zonas sacrificiales» donde les espera una muerte lenta, abandonados a morir o, de hecho, asesinados cuando tratan de escapar de su destino cruzando una frontera.

Quede claro que lo único que de «excedente» tienen las poblaciones excedentes es el hecho de que en ello las convierte un sistema que rebaja el valor de sus vidas. No son en absoluto un excedente para sus seres queridos. Muchas de estas personas han heredado tradiciones culturales de inmenso valor, otras cosmologías y otras formas de vida que ofrecen poderosas alternativas al orden de valores capitalista que las convierte en carne de sacrificio. La retórica liberal en torno a unos derechos humanos individualistas y dirigidos por las necesidades del mercado tiene poco que aportar ante esta transformación de la vida en residuo, que es un mal endémico del sistema capitalista que el liberalismo eleva en objeto de culto y se esfuerza en preservar.

Algunos de los parámetros fundamentales de la política en esta «era del sacrificio humano» están definidos por esta idea de un mundo de personas «sobrantes». En el discurso popular circulan debates políticos y económicos cada vez más xenófobos acerca de por qué ciertas personas merecen, de hecho, ser consideradas excedentes y por qué habría que dejar que sufran o mueran. Estos debates beben de un catálogo de tópicos racistas deleznables, que contribuyen a revitalizar, los cuales parten de la consideración de que ciertas personas son fundamentalmente inferiores[30]. Tal y como demuestra Robbie Shiliam, durante mucho tiempo, el discurso de la «indignidad de los pobres», aquellos a los que se considera responsables de su suerte, ha sido utilizado contra las personas no blancas en y fuera de Europa[31].

Hoy en día, el miedo a lo excedente, o a convertirse en excedente uno mismo, tiene profundas consecuencias y a menudo es la inspiración que subyace a fantasías reaccionarias, como la teoría conspiratoria del «gran reemplazo». Esta está fundamentada en el miedo a un «genocidio blanco», en el que la llegada de «mareas» de inmigrantes a las naciones «occidentales» conducirá a la desaparición demográfica de la raza blanca y de lo que los defensores de esta teoría describen como la «cultura blanca»[32]. Incluso en las naciones no occidentales, entidades políticas fundamentalistas y de extrema derecha han explotado con éxito este miedo a la conversión en excedente para obtener victorias electorales[33]. La imagen de hordas indiferentes de necesitados, ya sea en un ataque frontal o infiltrándose en secreto tras los muros de la fortaleza, se convierte de este modo en un tópico que permite justificar casi cualquier medida defensiva. Cualquier sacrificio se vuelve aceptable con el pretexto de controlar o contener este excedente de carne: el de quienes se ahogan en el Mediterráneo, tratando de migrar; el de aquellos a los que se les deja morir de sed o de frío en la frontera entre Estados Unidos y México; el de quienes mueren a causa de enfermedades prevenibles en Gaza; el de las personas vulnerables que mueren de hambre o son abandonadas en medio de una guerra civil en los llamados «Estados fallidos», o el de los asesinados, «por su propio bien», por los drones en intervenciones neoimperialistas.

¿El sacrificio de quién?

Comenzamos esta historia hablando de la invasión del Reino Edo debido, en parte, a la pertinaz ironía de que el Imperio británico justificara el sacrificio en masa de toda una civilización con el pretexto de intervenir para poner fin al sacrificio humano. Esta justificación era totalmente cínica, excepto en la medida en que permitía explotar tópicos racistas para obtener el apoyo de la sociedad británica a la invasión.

A lo largo de este libro, he querido trazar el hilo que, atravesando la historia del aceite de palma, nos lleva desde ese acontecimiento hasta nuestra actual «era del sacrificio humano», en la que el capitalismo parece haber logrado un triunfo universal. La idea del sacrificio nos resulta ciertamente familiar, como sostiene Wendy Brown, en una era de austeridad interminable en la que, a diferencia de aquella retórica que pedía un apretón temporal del cinturón apelando a un futuro de crecimiento económico y abundancia, los políticos y líderes empresariales han renunciado a toda esperanza optimista de que el sacrificio de hoy vaya a significar otra cosa que más competición, más precariedad y más desigualdad; en otras palabras, más sacrificio[1].

Pero ¿podemos llamar sacrificio a una consecuencia no deliberada del funcionamiento de un mercado sin reglas? ¿No requiere el sacrificio un contexto que vuelva sagrada esa muerte? ¿No habría que atribuir primero a la cosa o a la persona que se va a sacrificar un valor extraordinario, que haga de ella un obsequio digno de una fuerza sobrenatural? ¿No sería más apropiado pensar en quienes mueren debido al abandono y la negligencia socioeconómica del capitalismo mediante el término de Giorgio Agamben del *homo sacer* (el cuerpo rechazado, reducido a una existencia meramente animal, al que se puede matar libremente y sin consecuencias, pero que no puede ser sacrificado)?[2]. ¿O sería, quizá, más apropiada la terminología de la necropolítica, de Achille Mbembe?[3]. Sigo prefiriendo aquí el concepto de sacrificio, ya que nos alerta de cómo la muerte y el sufrimiento acontecen y quedan normalizados dentro de la cosmología capitalista: un marco absoluto de creación de sentido en el que la institución profana del mercado se ve elevada a un estatus casi divino. Se trata, no obstante, de un orden sacrificial y de una cosmología posiblemente únicos en la historia de los asuntos humanos.

Esta cuestión se vuelve aún más confusa debido a que los documentos antropológicos e históricos que tratan sobre el sacrificio humano son capaces de desconcertar incluso a los mayores expertos: aunque se trata de una práctica desalentadoramente común en las sociedades humanas, adopta formas tan distintas y es explicada y justificada de maneras tan diversas que resulta casi imposible hacer afirmaciones categóricas al respecto[4]. La información a la que tenemos acceso acerca de los ritos sacrificiales de los aztecas, los druidas de Europa Occidental o la costumbre hindú del sati nos llega siempre oscurecida o bien por las brumas del tiempo o bien, con más frecuencia, por los prejuicios e intereses de los escribas imperiales que la recogieron. Si se me permite aventurar una afirmación categórica, lo menos importante parece ser cómo o por qué practicaba otra civilización estos ritos siniestros. Más interesante resulta estudiar cómo las historias acerca de las barbáricas costumbres sacrificiales del otro son utilizadas para ocultar, camuflar o normalizar las formas de sacrificio humano de la sociedad propia, como vimos en el caso de las narrativas británicas sobre las prácticas del Reino Edo[5].

Quizá a todas las sociedades que practican este ritual horrendo su terrible verdad se les haga insoportable, demasiado cruda y cercana para afrontarla directamente. De hecho, los individuos así sacrificados a menudo son degradados en el orden cósmico hasta el punto de que no se considera que compartan siquiera la humanidad del resto, atribuyéndoseles un estatus más próximo al de los animales y los objetos[6]. En muchos casos, el sacrificio humano ha sido, ante todo, una expresión camuflada del poder[7]. Civilizaciones de toda clase practican el sacrificio de forma puntual, especialmente en momentos de crisis, pero aquellas en las que el sacrificio tiende a convertirse en una práctica sistémica y regular son sociedades con una acusada división del trabajo y una jerarquía rígida, donde el sacrificio a menudo tiene su razón de ser en la preservación de tales desequilibrios de poder[8]. El sacrificio humano permite a las élites asesinar a sus rivales, intimidar a sus vasallos y crear un espectáculo que las vincula al poder de los dioses. Estas pueden, para consolidar y perpetuar su autoridad, entretejerla en una cosmología socialmente compartida que les otorga en exclusiva el derecho –o incluso el deber– de segar ritualmente vidas humanas en nombre del bien común. Sin este derramamiento de sangre, los dioses se sentirían agraviados o se morirían de hambre, lo cual desencadenaría catástrofes apocalípticas que afectarían a toda la sociedad. Desde este punto de vista, una vida, especialmente la vida devaluada de un esclavo, un vasallo, un prisionero de guerra o alguien de la casta más baja supone un pequeño precio a pagar a cambio de buena fortuna y prosperidad para una sociedad entera[9]. En este sentido, las élites que practican el sacrificio humano a menudo lo plantean como algo parecido a la contratación de un seguro cósmico: una inversión relativamente pequeña y sensata ahora para prevenir posibles desgracias en el futuro[10].

¿Hasta qué punto es distinta esta retórica de la de los partidarios de la expedición de castigo de Benín, para quienes la influencia civilizadora de la doctrina cristiana y el «libre mercado» justificaban un etnocidio en masa? Tal como ellos lo veían, ese asesinato, por lamentable que resultara, se llevaba a cabo en el interés superior del conjunto de la civilización e incluso de los propios africanos, quienes, decían, acabarían por beneficiarse de él. ¿Cuánto se diferencia este discurso de los sermones de los sumos sacerdotes de la tecnocracia del capitalismo racial actual, siempre capaces de ofrecernos argumentaciones elaboradas y matemáticamente ingeniosas de por qué debemos sacrificar y convertir en «excedentes» a tantos millones de personas en nombre de un mercado supuestamente libre que, así apaciguado, nos traerá progreso, prosperidad y paz?

Irónicamente, los profetas y filósofos del libre mercado neoliberal nos presentan dicho mercado como la superación definitiva de la herencia bárbara de la humanidad. Para Hayek, posiblemente el más brillante defensor del libre mercado y el intelecto al que con frecuencia se atribuye haber dado el primer impulso a la revolución neoliberal, la implementación de la gobernanza de los mercados sobre la sociedad supuso el triunfo y el cierre de la Ilustración; el fin de la Historia, como más adelante lo conceptualizaría Francis Fukuyama[11]. Según este punto de vista, dado que los mercados se componen de las intenciones rivales de millones de individuos y corporaciones, cuando se les da luz verde funcionan, en esencia, como una metainteligencia perfectamente racional. A su vez, la participación en el mercado incita a los individuos a comportarse racionalmente para maximizar sus ganancias y minimizar sus pérdidas[12]. La superstición, el fetichismo y la tradición se convierten en debilidades, ideas que se interponen a las capacidades de uno para estudiar, intuir y responder a las señales del mercado y, por tanto, para competir. En un sistema racional como este no hay lugar para la clase de «ruido» metafísico que podría emplearse para legitimar el sacrificio humano. En la versión de esta idea, de carácter más popular, que plantea Bill Gates, el capitalismo sin fricciones del libre mercado liberaría al mundo de costumbres y prejuicios desfasados de un modo bastante similar a como, en el siglo XIX, los anunciantes británicos de velas y jabón y los impulsores de la expedición de castigo de Benín defendían que el «libre comercio» (a punta de fusil) liberaría a los africanos de sus fetiches bárbaros[13].

Y sin embargo, tanto entonces como ahora, la creencia en la racionalidad infalible del mercado y de su agente racional idealizado, el *homo economicus*, es en sí misma un ejemplo de aquello a lo que los europeos han dado el nombre de fetiche: una cosa de este mundo a la que se asignan poderes mágicos y un estatus sobrenatural, en el contexto de una cosmología determinada. Es precisamente dentro de esta cosmología del libre mercado y el *homo economicus* donde hemos de situar las formas de sacrificio humano que encontramos en la historia y en las relaciones materiales contemporáneas del aceite de palma.

En esta cosmología del sacrificio no son necesarios un hierofante o sumo sacerdote que aseste el golpe mortal ni testigos que presencien tales horrores. El sacrificio tiene lugar en el anonimato clínico de las relaciones de mercado. Un incremento en la demanda de aperitivos en la India desencadena una serie de decisiones de mercado que llevan al desplazamiento forzoso de una comunidad indígena de Papúa Occidental y, con ello, a la total aniquilación de su modo de vida y su cosmología. Las exigencias anónimas de los accionistas de una empresa de cosméticos que reclaman mayores dividendos llevan al acaparamiento de tierras por parte de pequeños propietarios de

espíritu emprendedor o a la hiperexplotación de trabajadores migrantes. Una ligera modificación de las normativas para animar al mercado a potenciar los biocombustibles genera una oleada de quema de turberas que emite
enormes cantidades de carbono a la atmósfera, con efectos mortíferos para las poblaciones humanas y no humanas de todo el mundo que cobran manifestación a través
de los avatares del cambio climático.

Las estructuras generales del sistema capitalista siempre han estado definidas por la competición entre agentes
capitalistas a diversos niveles, y no por la colusión entre
miembros de una élite sacrificial. La invasión del Reino
Edo, por ejemplo, fue, en algunos sentidos, una conspiración de comerciantes y funcionarios coloniales con ideas
similares que perseguían sus intereses particulares, pero
los británicos no se decidieron a llevarla a cabo impulsados
por una crueldad gratuita, sino, principalmente, para satisfacer las necesidades de la industria y el imperio en un
momento de acalorada rivalidad entre potencias imperialistas por el control de los recursos y la mano de obra
barata[14]. El sacrificio de millones de vidas y de numerosos
reinos africanos durante este período tuvo lugar como
un daño colateral, si bien la devaluación de la vida humana que lo hizo posible fue ciertamente el resultado de
siglos de una ideología asesina antiafricana y antinegra.

Los millones de personas que actualmente son sacrificadas en el altar metafórico de la industria del aceite de
palma no son víctimas de algún culto sádico, sino de lo
que Randy Martin llama el «imperio de la indiferencia»,
donde todas las personas y los objetos quedan represen-
tados en términos financieros y a todos se nos anima a

definirnos a nosotros mismos y nuestra relación con el mundo en los términos del mercado, adoptando la figura del *homo economicus* para gestionar un solitario universo de riesgos y oportunidades[15].

El resultado de todos estos millones de actos aislados de gestión de riesgos, sin embargo, es un mundo caótico. Como vimos en la crisis financiera de 2008, un sinnúmero de pequeñas actividades financieras sumamente racionales pueden acabar confluyendo, como con frecuencia sucede, en un torbellino irracional y descontrolado[16]. Lo que emerge de este sistema es un mundo dominado por una silenciosa violencia burocrática financierizada[17]. La rápida y catastrófica destrucción de turberas por la industria del aceite de palma, que se extiende a paso acelerado, no responde a ninguna política centralizada (de hecho, la mayoría de las políticas centralizadas afirman estar tratando de frenarla), sino que está impulsada por decenas de miles de actos emprendedores, manifestaciones de una gestión de riesgos aislada y solipsista, impulsados por un sistema en el que casi todos nos vemos obligados a participar, pero que está más allá del control de cualquier persona o gobierno. Y sin embargo, no todos participamos en la misma medida ni con las mismas consecuencias[18].

Este es el estado actual del capitalismo y el motivo de que las formas concretas que en él adopta el sacrificio humano parezcan venir al mismo tiempo de todas y de ninguna parte. El sacrificio tiene lugar en el contexto de una cosmología de mercado, donde actos racionales individuales conducen a resultados irracionales. Las víctimas de este sistema son presentadas, en el mejor de los casos, como desafortunados daños colaterales en el avance del progreso económico, esa benevolente evolución del mercado providencial hacia el fin de la Historia o hacia un capitalismo sin fricciones. En el peor de los casos, se les culpa por no haber sabido abrazar la cosmología del mercado y reinventarse en forma de *homo economicus* para competir en pos de su propio beneficio. En este orden del sacrificio humano no hacen falta un altar material ni un tirano cruel cubierto de sangre; el altar es un silencioso libro de contabilidad, las cuentas incalculables de un imperio financierizado y descentralizado.

En circunstancias como las nuestras, tal vez no debería sorprendernos el resurgir de las fantasías sobre conspiraciones diabólicas[19]. Mientras escribo este libro, solo en Estados Unidos las ideas fundamentales de la teoría conspiratoria del QAnon, que sostiene que una sociedad secreta de grandes celebridades y miembros de las élites económicas y políticas controla una red de pedofilia y sacrificio infantil, parecen contar con tantos seguidores que, de considerarse una religión, estaría entre las cinco primeras del país[20]. En todo el mundo se está produciendo un auge de las cazas y quemas de brujas[21]. En ambos casos, ante una economía generalizada y omnipresente del sacrificio humano en la que, además, nos vemos privados de los recursos para entender lo que sucede, proyectamos esta crueldad deleznable indirecta pero persistentemente sobre otros individuos, tratando de encontrar un origen humano para esta crueldad metahumana.

¿La historia de quién?

¿Cómo se escribe una historia sobre el aceite de palma desde dentro de esa misma historia? Esta dificultad ha estado presente a lo largo de todo el libro. Tanto autor como lector somos conjuntos cuerpo-mente que nos hemos construido a nosotros mismos a través de la metabolización del aceite de palma. Este libro se ha escrito en una máquina cuya fabricación ha sido facilitada por el aceite de palma y es posible que también el papel o la tinta en que lo estás leyendo contengan derivados de esta sustancia. Se ha publicado en un mundo hecho de este aceite y en el seno del mismo sistema que ha creado el aceite de palma tal y como lo conocemos: esa maravilla alquímica, tan alejada de su ancestral forma virgen cultivada durante milenios en África Occidental. Contar semejante historia, una historia sobre nosotros, una historia de fricción y conexión, de beneficio y sacrificio, ha demostrado resultar una tarea imposible. Se trata de un relato demasiado grande y, al mismo tiempo, demasiado próximo. En cierto sentido, cualquier historia sobre el aceite de palma es necesariamente una autobiografía y, como tal, imperfecta por su propio origen: la confesión de un sujeto que nunca puede llegar a conocerse plenamente a sí mismo.

Lo importante, para mí, es la esperanza de que, en el esfuerzo por comprender mejor el aceite de palma, podamos tomar conciencia de nuestro potencial como especie cooperativa. Hoy en día, cientos de millones de personas «cooperan» en la economía del aceite de palma: como productores o consumidores, como trabajadores migrantes o ejecutivos corporativos, desempeñando el papel de cualquiera de los distintos personajes por cuyas manos ha pasado el producto en su transformación desde la vaina hasta el producto acabado. Al hablar de cooperación, no pretendo restar importancia a las enormes desigualdades y a las diversas formas de explotación y privación de libertad que caracterizan la producción y distribución de esta sustancia. Lo que quiero es traer a nuestra atención los lazos que nos vinculan en tanto que miembros de una especie cooperativa. En el sistema de capitalismo racial que ha logrado imponerse, y cuyos orígenes esta historia sobre el aceite de palma nos ayuda a rastrear, nuestra cooperación cristaliza en forma de mercancías, como los miles de productos que contienen o están hechos o de algún modo dependen del aceite de palma. Se trata de una red sublime, que escapa al alcance de nuestra imaginación individual, pero que debemos tratar de entender, porque, como pone de manifiesto esta historia sobre el aceite de palma, si seguimos actuando como si no fuésemos en verdad una especie cooperativa, interconectada e interdependiente, seguiremos causándonos daños catastróficos a nosotros mismos y al planeta del que dependemos. Si hemos creado el aceite de palma y con él hemos creado nuestro mundo, ¿qué otras cosas podríamos haber creado? ¿Qué otras cosas podríamos crear todavía?

A fin de cuentas, la nuestra es una especie de narradores de historias: somos *homo narrans*, como nos llama Sylvia Wynter[1]. En los escritos de Wynter, la especie humana se nos presenta como poseedora de una capacidad única para transformarse «alquímicamente» a sí misma a través de historias: las narrativas que tejemos definen, colectivamente, cómo reproducimos nuestra existencia individual y colectiva. A diferencia, según parece, de todos los demás animales, podemos modificar radicalmente los valores que guían nuestra selección de parentesco, nuestra transformación del mundo material y nuestras relaciones sociales en función de cómo nos narramos nuestra propia existencia.

La preocupación fundamental de Wynter es el modo en que el sistema global del capitalismo racial, surgido de la ruptura que supuso en la historia universal el comercio transatlántico de esclavos, no cesa de reproducir una cosmología global antinegra y cómo, en dicho sistema, se vuelve imaginable la figura sobrehumana del *homo economicus*, forjada en el crisol del supremacismo blanco. Actualmente, en lo que Wynter describe como una catástrofe sin precedentes, que ha marcado la historia mundial, la narrativa idealizada, propia del supremacismo blanco, del «hombre económico» se ha constituido en paradigma, haciendo que la reproducción del mundo tenga lugar a su imagen. La teoría de Wynter nos ayuda a entender por qué la opresión antinegra aparece una y otra vez a lo largo de esta historia, desde el saqueo del Reino Edo hasta la guerra de clase racializada del gulag de las cárceles estadounidenses.

Pero también me atraen las fascinantes posibilidades que ofrece, a un nivel más general, la concepción de la humanidad que Wynter propone en tanto que una especie «alquímica» de narradores de historias. A lo largo de este libro he defendido –en el espíritu de la invitación que nos hacen Gill y Taussig– que ahora somos, alquímicamente, aceite de palma: forma parte de todos nosotros, está metabolizado en nuestros cuerpos, saturando nuestra piel, impregnando las herramientas y mercancías que utilizamos, infiltrándose por todos los recovecos de la economía de la que formamos parte. ¿Qué historias puede y debe contar nuestra especie híbrida y alquímica sobre sí misma para transformarse en algo distinto de la cosmología del mercado y su orden del sacrificio?[2].

Las historias sobre el aceite de palma que se nos ha animado a repetir son insuficientes para este cometido. No podemos permitir que nuestra imaginación quede confinada a girar en torno a la figura del consumidor ilustrado, que no es sino otra de las caras del *homo economicus.* Aun cuando consumidores y agentes políticos lograran ejercer enormes presiones, veo con profundo escepticismo toda pretensión de que la industria de la palma pueda ser reformada de manera significativa. Hemos comprobado ya la habilidad de la industria a la hora de evadir reglamentos y explotar en su propio beneficio los intereses de los gobiernos. Los programas de participación voluntaria que tratan de poner límites a sus peores abusos han sido mayormente infructuosos frente a una industria en expansión constante y ansiosa por cubrir la demanda internacional[3]. Aun si lograran ejercer la suficiente presión sobre una nación o jurisdicción determinada, son muchas las que compiten por una porción del mercado; aunque se implementaran nuevas regulaciones en Malasia e Indonesia, que actualmente son responsables de un 80 % de las exportaciones de aceite de palma, también existen importantes operaciones en el Sudeste Asiático, América Latina, África Occidental y otras áreas de las regiones tropicales de Asia que podrían pasar a ocupar su puesto.

Por otra parte, existe un elemento de verdad en algunas de las declaraciones interesadas de la industria del aceite de palma. Atendiendo a la mayoría de los criterios, la *E. guineensis* es la planta aceitera más eficiente en términos de superficie bruta, y prospera en condiciones en las que muchos otros cultivos son inviables[4]. Con el crecimiento de la población mundial se está incrementando también la demanda de comida y grasa baratas, tendencia que se ve intensificada porque este crecimiento poblacional va acompañado de tendencias de urbanización y desplazamiento que llevan a las personas a depender de alimentos importados. Si el aceite de palma desapareciera mañana por arte de magia y otras grasas pasaran a ocupar su lugar, las cosas no cambiarían necesariamente a mejor: el historial medioambiental, laboral y humanitario de otras plantas aceiteras de cultivo intensivo, como la soja, no está libre de sus propios horrores[5]. Conforme la química siga desarrollando nuevas técnicas, el aceite de palma, que, al menos en teoría, procede de una fuente renovable, podría servir como sustituto del petróleo en algunos productos. Además, pese a todo el daño que ha ocasionado, no puede negarse que el aceite de palma ha potenciado el «desarrollo» económico (de forma sumamente desigual) del Sudeste Asiático de un modo en que, en otras regiones, otros cultivos no han podido lograrlo[6].

El problema no es, en realidad, el aceite de palma en sí mismo, sino el contexto y los métodos que intervienen en su producción, así como las funciones que desempeña en el marco de un sistema mundial capitalista. Según informes, los pequeños terratenientes que cultivan palmas aceiteras junto con otros cultivos diversificados pueden rivalizar en eficiencia por acre con enormes plantaciones, pero rara vez logran igualar su precio, que se ve posibilitado por el abaratamiento artificial del trabajo y el uso de formas explotadoras de economía de escala[7]. No es inconcebible que, en un mundo organizado de un modo mejor y más justo, el aceite de palma pudiera ser un ingrediente más de algunas mercancías comercializadas a escala global, un suplemento a dietas ricas en aceites más saludables, producidos de forma más local. Pero no puede seguir siendo, como ahora, la grasa artificialmente abaratada de los pobres del mundo, cuya función sea, de un modo cada vez más acusado, la de alimentar a los más pobres del planeta, a quienes, por lo demás, los avatares del capitalismo global no tendrían reparo en dejar morir.

Las soluciones a la violencia y la explotación en la industria del aceite de palma vendrán finalmente determinadas por sus trabajadores y las comunidades afectadas. Recientemente, un consorcio de investigadores y activistas de organizaciones de base ha esbozado el plan para una «transición justa», en la que los trabajadores no se limitarían a defenderse de los peores excesos de la industria ni a pedir a los gobiernos que resuelvan el problema. Consistiría, por el contrario, en desarrollar, exigir e implementar las propuestas alternativas de los propios trabajadores para una transformación ecológicamente justa[8]. Un proyecto semejante aunaría a trabajadores de las plantaciones, pequeños terratenientes endeudados, trabajadores migrantes y pueblos indígenas, tomando como base el hecho de que todos ellos «comparten la condición estructural de verse alienados de la tierra en la que viven». Hasta ahora, esta experiencia de alienación y dependencia ha sido movilizada e instrumentalizada por las corporaciones y terratenientes de la industria del aceite de palma para enfrentar entre sí a estos grupos y distanciarlos de las organizaciones para la protección del medioambiente, pintándolas como entidades malévolas que suponen una amenaza para el bienestar de los trabajadores y para los intentos de supervivencia económica de los pueblos indígenas. Esta fricción, sin embargo, también da lugar a «identidades intersecantes y fluidas» que podrían hallar un punto de encuentro en esta exigencia de transición a un sistema de paisaje mosaico. Aquí, el derecho comunal y colectivo a la tierra posibilitaría una diversificación de los usos de esta: «agricultura de subsistencia, producción de cultivos industriales, cría de animales, agroforestería y recolección de recursos silvestres», basados en el conocimiento indígena y los marcos democráticos locales para la conservación de los bienes ecológicos comunes. Aunque los autores reconocen que este sistema nunca podrá producir tanto aceite de palma por acre como el sistema intensivo actual de las plantaciones, la «diversificación de la actividad económica proporciona ingresos estables y resilientes a agricultores independientes, que serían dueños de su propia tierra», e impediría «la creación de más poblaciones "excedentes" desprovistas de tierras». También reduciría «los costes futuros derivados del cambio climático y la degradación medioambiental, y resultaría favorable para la seguridad alimentaria, la salud y el bienestar de la población local». Una consideración importante es que «no todas estas funciones sociales y ecológicas pueden medirse en términos monetarios», lo cual se opone a la lógica implacable del mercado y da a esta transición un arraigo en cosmologías diversas. Este plan supondría, inevitablemente, una subida del precio de este aceite en los mercados internacionales, pero esto no sería necesariamente perjudicial para los trabajadores o los consumidores. Como hemos visto, en muchos lugares el aceite de palma barato ha sido una maldición.

En mi opinión, el hecho de estar organizado en torno a los conocimientos y las luchas de las comunidades afectadas, los pueblos indígenas y los trabajadores, hace de este un programa sumamente prometedor, especialmente en un mundo en el que la búsqueda de «soluciones» suele estar dominada por las negociaciones entre corporaciones, gobiernos y, ocasionalmente, grandes ONG, que típicamente son percibidas como las únicas entre las partes involucradas que cabe considerar legítimas o fiables. Las negociaciones oficiales dan por sentada la cosmología sacrificial del mercado, aceptándola como algo que hay que sortear o acomodar, en lugar de plantear recharzarla o abolirla radicalmente. La propuesta de una transición justa está anclada en un importante paradigma, que podría llamarnos a reflexión a quienes no estamos directamente implicados en esas regiones.

En primer lugar, este planteamiento nos llamaría a todos los que dependemos del aceite de palma y de otros productos similarmente abaratados, fruto de la explotación y la extracción, a transformar de manera radical nuestras formas de vida y nuestra cultura material. También tendríamos que plantearnos de qué formas podríamos actuar en solidaridad con las comunidades afectadas cuando estas decidieran unirse para exigir una transición justa ante un consorcio extraordinariamente poderoso de terratenientes, corporaciones y gobiernos que tienen motivos más que de sobra para tratar de preservar y expandir el sistema actual.

Pero la cuestión fundamental que subyace a la propuesta de la Transición Justa va más allá de todo esto. Como señalan los autores, su propuesta para una transición justa está arraigada en la experiencia compartida de alienación de la tierra, lo que nos obliga a plantearnos el problema, a un nivel más amplio, de establecer formas de solidaridad global que estén también arraigadas en prácticas de desalienación y de reconexión con la tierra, con los demás y con el proyecto cooperativo de la especie a la que pertenecemos.

La pregunta que aquí emerge es la siguiente: ¿cómo podría esta sensibilidad inspirar una revolución global? Porque el del aceite de palma es un problema global, que, además, alberga en sí la pregunta de en qué se convertirá la humanidad en un momento en que ya no podemos permitirnos actuar individual o, siquiera, regionalmente. Tomando prestada una de las preguntas que propone el movimiento de abolición de la prisión: ¿qué haría falta para crear un mundo que dejara de pensar que necesita el aceite de palma? ¿Qué medidas tendríamos que tomar ahora, en cada lugar, para comenzar una transición que redujera y acabara con nuestra dependencia de esta sustancia abaratada? ¿Qué haría falta para crear no solo las políticas y estructuras de gobernanza, sino también las formas de vida que erradicasen la categoría violenta, propia del capitalismo, que es la idea de lo «barato»? ¿Qué supondría potenciar el alcance y la sensibilidad de nuestra imaginación colectiva para idear un hábito de relación diferente –o varios hábitos de relación– que nos permita cooperar de forma solidaria? ¿Qué supondría plantearnos la clase de alianzas que se necesitarían para iniciar una rebelión contra esas fuerzas del capitalismo global que tienen todo por ganar con la perpetuación y la expansión del orden actual, no solo las corporaciones que promueven el aceite y otros artículos de consumo derivados de la palma y los gobiernos que las apoyan, sino también las entidades análogas en otros sectores?

En esta era de crisis, levantada sobre siglos de división y desigualdad, ha dejado de estilarse el hablar de la necesidad de una revolución global, pero no parece haber otra alternativa. No obstante, para que una revolución semejante reemplace verdaderamente el viejo orden del capitalismo racial neoliberal, esta deberá fundamentarse en la clase de pensamiento e infraestructura de la solidaridad a los que apela el plan para la Transición Justa. Somos una especie que ha creado un mundo de sacrificio y que ha sido creada por un mundo de sacrificio, por un mundo de separación e instrumentalización en el que todo tiende a considerarse desechable. Una revolución global exigirá que nos convirtamos en algo alquímicamente distinto, transformando no solo nuestras formas de imaginar y cooperar, sino también el modo en que, colectiva y cooperativamente, componemos y recomponemos nuestros cuerpos, nuestras mentes y nuestras sociedades.

Notas

¿El engrasante de quién?

1. Zuckerman, Jocelyn C., *Planet Palm: How Palm Oil Ended Up in Everything—and Endangered the World* (Londres: Hurst, 2021).
2. Haiven, Max, *Cultures of Financialization: Fictitious Capital in Popular Culture and Everyday Life* (Londres y Nueva York: Palgrave Macmillan, 2014).
3. Haiven, Max, *Revenge Capitalism: The Ghosts of Empire, the Demons of Capital, and the Settling of Unpayable Debts* (Londres y Nueva York: Pluto, 2020).
4. Wilson Gilmore, Ruth, *Golden Gulag: Prisons, Surplus, Crisis, and Opposition in Globalizing California* (Berkeley, California: University of California Press, 2007), p. 244.
5. Robins, Jonathan E., *Oil Palm: A Global History* (Chapel Hill, Carolina del Norte: The University of North Carolina Press, 2021), capítulo 2.
6. Véase Robins, *Oil Palm*, capítulo 2; Martin, Lynn, *Commerce and economic change in West Africa: The palm oil trade in the nineteenth century* (Cambridge y Nueva York, 1997), p. 2; sobre la importancia actual del aceite de la palma africana

en la espiritualidad y la cultura afro-brasileñas, véase Zuckerman, *Planet Palm*, pp. 56-9.

7. Zuckerman, *Planet Palm*, capítulo 2.

8. «Alternative Names to Palm Oil». Orangutan Alliance, octubre 2021, https://orangutanalliance.org/whats-the-issue/alternative-names-for-palm-oil/.

9. Orsato, Renato J.; Clegg, Stewart R. y Falcão, Horacio, «The Political Ecology of Palm Oil Production», *Journal of Change Management* 13, n.º 4 (2013): 444-59.

10. Pye, Oliver, «A Plantation Precariat: Fragmentation and Organizing Potential in the Palm Oil Global Production Network», *Development and Change* 48, n.º 5 (2017): 942-64.

11. Véase Zuckerman, *Planet Palm.*

12. Robins, *Oil Palm,* pp. 268-9.

13. Ibíd., p. 283.

14. Zuckerman, *Planet Palm*, pp. 6-7.

15. Véase https://ourworldindata.org/land-use.

16. Nnoko Mcwanu, Juliana, «'Why Our Land?: Oil Palm Expansion in Indonesia Risks Peatlands and Livelihoods» (Londres, Reino Unido: Human Rights Watch, junio 2021), https://hrw.org/report/2021/06/03/why-our-land/oil-palm-expansion-in-donesia-risks-peatlands-and-livelihoods.

17. Robins, *Oil Palm*, capítulo 7.

18. Dauvergne, Peter, «The Global Politics of the Business of 'Sustainable' Palm Oil», *Global Environmental Politics* 18, n.º 2 (2018): 37.

19. Véase, por ejemplo, Chao, Sophie, «Can There Be Justice Here? Indigenous Perspectives from the West Papuan Oil Palm Frontier», *Borderlands* 20, n.º 1 (2021).

20. Gill, Simryn y Taussig, Michael, *Becoming Palm* (Berlin: Sternberg, 2017).

21. Véase Robins, *Oil Palm*, pp. 288-91.

22. Pye, Oliver, «Commodifying Sustainability: Development, Nature and Politics in the Palm Oil Industry», *World Development* 121 (2019): 218-28.

23. Véase Watts, Joseph; Sheehan, Oliver; Atkinson, Quentin D.; Bulbulia, Joseph y Gray, Russell D., «Ritual Human Sacrifice Promoted and Sustained the Evolution of Stratified Societies», *Nature* 532, n.º 7598 (2016): 228-31.

24. Shimshon, Bichler y Nitzan, Jonathan, «Capital as Power: Toward a New Cosmology of Capitalism», *The Bichler and Nitzan Archives*, 2010. http://bnarchives.yorku.ca/285/.

25. Sobre la arrogancia y el solipsismo particulares (y violentos) de la cosmología capitalista moderna en relación con otras, véase Graeber, David y Wengrow, David, *The Dawn of Everything: A New History of Humanity* (Nueva York: Penguin, 2021).

26. Wynter, Sylvia y McKittrick, Katherine, «Unparalleled Catastrophe for Our Species?: Or, to Give Humanness a Different Future: Conversations», en *Sylvia Wynter: On Being Human as Praxis*, editado por Katherine McKittrick (Durham, Carolina del Norte, y Londres: Duke University Press, 2015).

27. Docherty, Paddy, *Blood and Bronze: The British Empire and the Sack of Benin* (Londres y Nueva York: Hurst, 2021).

28. Gibson-Light, Michael, «Ramen Politics: Informal Money and Logics of Resistance in the Contemporary American Prison», *Qualitative Sociology* 41, n.º 2 (2018): 199-220.

¿El castigo de quién?

1. Datos consultados a 6 de enero de 2022 en https://boxofficemojo.com/chart/top_lifetime_gross/?area=XWW.

2. Véase Docherty, *Blood and Bronze*.

3. Hicks, Dan, *The Brutish Museums: The Benin Bronzes, Colonial Violence and Cultural Restitution* (Londres y Nueva York: Pluto, 2020).

4. Johnson Olaosebikan, Aremu y Ediagbonya, Michael, «Trade and Religion in British-Benin Relations, 1553-1897», *Global Journal of Social Sciences Studies* 4, n.º 2 (2018): 78-90; Docherty, *Blood and Bronze*.

5. Véase Hicks, *The Brutish Museums*; Savoy, Bénédicte, *Afrikas Kampf Um Seine Kunst: Geschichte Einer Postkolonialen Niederlage* (München: C. H. Beck, 2021).

6. Ndikung, Bonaventure Soh Bejeng, «South Remembers: Those Who Are Dead Are Not Ever Gone», *South as a State of Mind*

10 (2018), https://southasastateofmind.com/south-remembers-those-who-are-dead-are-not-ever-gone/.

7. Matory, J. Lorand, *The Fetish Revisited: Marx, Freud and the Gods Black People Make* (Durham y Londres: Duke University Press, 2018).

8. Sobre los usos imperiales y capitalistas de la venganza, véase Haiven, *Revenge Capitalism*, capítulo 1.

9. Robins, *Oil Palm*, pp. 45-8; Lynn, Martin, *Commerce and Economic Change in West Africa*, p. 2; Zuckerman, *Planet Palm,* p. 47.

10. Lynn, *Commerce and Economic Change in West Africa*, p. 3.

11. Estadísticas tomadas de Lynn, *Commerce and Economic Change in West Africa* p. 3 y p. 49. En 1897 se importaron de África a Reino Unido en torno a 1.262.933 quintales largos de este aceite*. En torno a esta época, el número de días de trabajo necesarios para producir una tonelada larga de aceite de palma en condiciones de ser exportado eran 420 días para el aceite de palma «suave» (más refinado) y 132 días para el aceite de palma «duro», si bien Robins (*Oil Palm*, pp. 26-7) tiene motivos para cuestionar estas cifras. El aceite suave era significativamente más demandado para su utilización como lubricante para maquinarias, algunas clases de jabón, margarina y como fundente para la fabricación de hojalata. Estas cifras no incluyen el comercio de almendras de palma en estado puro. La medida de un «día de trabajo» en la Gran Bretaña de aquella época presuponía una jornada laboral de 10 horas. No obstante, es altamente probable que los trabajadores encargados de producir el aceite de palma en África no tuvieran ese lujo. Robins propone varias estimaciones alternativas en *Oil Palm*, capítulo 3.

12. Robins, *Oil Palm*, pp. 68-9.

13. Robins, *Oil Palm*, pp. 117-8.

14. Teltscher, Kate, *Palace of Palms: Tropic Dreams and the Making of Kew* (Londres: Picador, 2020).

---

* N. de la T.: El quintal largo es una unidad de medida del sistema *avoirdupois* utilizado en el mundo anglosajón que equivale aproximadamente a 50,8 kg. Las citadas importaciones de aceite de palma equivaldrían, pues, a unas 64.160 toneladas en el sistema métrico decimal. La tonelada larga equivale a unos 1.016 kg.

15. Rodney, Walter, *How Europe Underdeveloped Africa*, nueva edición (Londres y Nueva York: Verso, 2018), capítulo 5.
16. Robins, *Oil Palm*, capítulo 3.
17. Robins, *Oil Palm*, pp. 92-103.
18. Docherty, *Blood and Bronze*, pp. 12, 30.
19. Pietz, William, «The Problem of the Fetish», *RES: Anthropology and Aesthetics* 9 (1985): 5-17.
20. Nassau, Robert Hamill, «Fetishism, a Government», *Bulletin of the American Geographical society* 33, n.º 4 (1901): 305.
21. Sobre esta instrumentalización del liberalismo a modo de arma por parte del imperialismo y la retórica del «libre comercio», véase Lowe, Lisa, *The Intimacies of Four Continents* (Durham, Carolina del Norte, y Londres: Duke University Press, 2015).
22. Docherty, *Blood and Bronze*.
23. Para un comentario de la cobertura dada a los sacrificios presenciados por los funcionarios británicos y la prensa británica, véase Docherty, *Blood and Bronze*, pp. 183-9.
24. Véase, por ejemplo, Kaplan, Flora Edouwaye S., «Understanding Sacrifice and Sanctity in Benin Indigenous Religion, Nigeria», en *Beyond Primitivism: Indigenous Religious Traditions and Modernity,* editado por Jacob K. Olupona (Londres y Nueva York: Routledge, 2003), pp. 181-99.
25. Véase Watts *et al.,* «Ritual Human Sacrifice Promoted and Sustained the Evolution of Stratified Societies».
26. Pietz, William, «The Spirit of Civilization: Blood Sacrifice and Monetary Debt», *RES: Anthropology and Aesthetics* 28 (1995): 23-38.
27. Todorov, Tzvetan, *The Conquest of America: The Question of the Other*, trad. Richard Howard (Nueva York: Harper Torchbooks, 1984).
28. Véase Docherty, *Blood and Bronze*, pp. 106-8.
29. Docherty, *Blood and Bronze*, p. 197.
30. Véase Ukaogo, Victor, «The Emergence of Social Movements in Southwestern Nigeria, with Specific Reference to Esan and Their Neighbours (Benin Province): C 1900-1960 A.D.», 2013. https://researchgate.net/publication/338686480_A_Diminishing_Past_A_Rescued_Future_Essays_on_the_Peoples_Traditions_and_Culture_of_the_Esan_of_Southern_Nigeria.

31. Robins, *Oil Palm*, capítulos 6-7.
32. Robins, *Oil Palm*, pp. 186-7.
33. Robins, *Oil Palm*, capítulo 3.
34. Tsing, Anna Lowenhaupt, *Friction: An Ethnography of Global Connection* (Princeton y Londres: Princeton University Press, 2004).
35. Gates, Bill, *The Road Ahead* (Nueva York: Viking, 1995); véase también McGoey, Linsey, *No Such Thing as a Free Gift: The Gates Foundation and the Price of Philanthropy* (Londres y Nueva York: Verso, 2016).

¿El fetiche de quién?

1. Lynn, *Commerce and Economic Change in West Africa.*
2. Para un panorama general del sector químico en Liverpool durante el siglo XIX, véase Reed, Peter, *Entrepreneurial Ventures in Chemistry: The Muspratts of Liverpool, 1793-1934* (Londres y Nueva York: Routledge, 2015).
3. Lynn, *Commerce and Economic Change in West Africa.*
4. La causa de la caída del precio del aceite de palma en este período sigue siendo objeto de debate entre los expertos. Para un resumen de las diversas opiniones, véase Robins, *Oil Palm*, capítulo 4.
5. Sobre estos debates, véase Hicks, *The Brutish Museums.*
6. Luxemburg, Rosa, *The Accumulation of Capital,* trad. Agnes Schwarzschild (Londres y Nueva York: Routledge, 2003).
7. Este proceso, de un siglo de duración, queda descrito en detalle en Robins, *Oil Palm*, capítulos 3, 4 y 6.
8. Robins, *Oil Palm*, pp. 112-5.
9. Robins, *Oil Palm*, p. 124.
10. Rancière, Jacques, *Proletarian Nights: The Workers' Dream in Nineteenth-Century France*, trad. John Drury (Londres y Nueva York: Verso, 2012).
11. Véase Crary, Jonathan, *24/7: Late Capitalism and the Ends of Sleep* (Londres y Nueva York: Verso, 2013); Melbin, Murray, *Night as Frontier: Colonizing the World After Dark* (Nueva York: The Free Press, 1987).

12. Véase Teltscher, *Palace of Palms.*
13. Robins, *Oil Palm,* pp. 115-16.
14. McClintock, Anne, *Imperial Leather: Race, Gender, and Sexuality in the Colonial Contest* (Londres y Nueva York: Routledge, 1995), capítulo 2.
15. Lynn, *Commerce and Economic Change in West Africa*, pp. 29-30.
16. Robins, *Oil Palm*, pp. 105-16.
17. Lynn, *Commerce and Economic Change in West Africa*, p. 85.
18. Zuckerman, *Planet Palm*, capítulo 3.
19. Robins, *Oil Palm*, p. 196.
20. Patel, Raj y Moore, Jason W., *The History of the World in Seven Cheap Things* (Berkely, California: University of California Press, 2017).
21. Wolford, Wendy, «The Plantationocene: A Lusotropical Contribution to the Theory», *Annals of the American Association of Geographers*, 2021, pp. 1-18; véase también Li, Tania Murray y Pujo Semedi, *Plantation Life: Corporate Occupation in Indonesia's Oil Palm Zone* (Durham, Carolina del Norte y Londres: Duke University Press, 2021).
22. Véase Robins, *Oil Palm*, capítulo 5.
23. McClintock, *Imperial Leather*, pp. 207-13.
24. Zuckerman, *Planet Palm,* pp. 61-2.
25. Rodney, *How Europe Underdeveloped Africa*, capítulo 5.
26. Zuckerman, *Planet Palm*, pp. 61-4.
27. Federici, Silvia, *Caliban and the Witch: Women, the Body and Primitive Accumulation* (Brooklyn, Nueva York: Autonomedia, 2004).
28. McClintock, *Imperial Leather.*
29. Hobsbawm, Eric, *Industry and Empire: The Birth of the Industrial Revolution*, ed. Chris Wrigley (Nueva York: The New Press, 1999), capítulos 4 y 8.
30. Robins, *Oil Palm*, pp. 109-10.
31. Bremmer, Jan N. (ed.), *The Strange World of Human Sacrifice* (Leuven: Peeters, 2007).
32. McClintock, *Imperial Leather*, 207-31.
33. Nelson, Anitra, *Marx's Concept of Money* (Londres y Nueva York: Routledge, 1999), capítulo 7.

34. Freud, Sigmund, «Fetishism», *International Journal of Psychoanalysis* 9, n.º 2 (1928): 161-6.
35. Véase Žižek, Slavoj, *The Sublime Object of Ideology* (Londres y Nueva York: Verso, 1989).
36. Véase Ferreira da Silva, Denise, *Towards a Global Idea of Race* (Minneapolis: University of Minnesota Press, 2007).
37. Matory, *The Fetish Revisited.*
38. Pietz, «The Problem of the Fetish».
39. Robins, *Oil Palm*, p. 306.
40. Sobre cómo se establecen estas prioridades y las consecuencias que ello conlleva, véase Krause, Monika y Robinson, Katherine, «Charismatic Species and beyond: How Cultural Schemas and Organisational Routines Shape Conservation», *Conservation & Society* 15, n.º 3 (2017): 313-21.
41. Pye, «Commodifying Sustainability».

¿El arma de quién?

1. Robins, *Oil Palm*, capítulo 4.
2. Zuckerman, *Planet Palm*, pp. 88-9.
3. Sobre la importancia de los lubricantes para armas de fuego, véase Satia, Priya, *Empire of Guns* (Stanford, California, y Londres: Stanford University Press, 2019).
4. Docherty, *Blood and Bronze.*
5. Véase Reed, 2015, *Entrepreneurial Ventures in Chemistry.*
6. Véase Wagner, Kim A., *The Skull of Alum Bheg: The Life and Death of a Rebel of 1857* (Oxford y Nueva York: Oxford University Press, 2017).
7. Fant, Kenne, *Alfred Nobel: A Biography*, trad. Marianne Ruth (Nueva York: Arcade, 1993).
8. Lynn, *Commerce and Economic Change in West Africa,* p. 118; Zuckerman, *Planet Palm*, p. 75.
9. Jensen, Richard, «Daggers, Rifles and Dynamite: Anarchist Terrorism in Nineteenth Century Europe», *Terrorism and Political Violence* 16, n.º 1 (2010): 116-53; Werrett, Simon, «The Science of Destruction: Terrorism and Technology in the Ni-

neteenth Century», en *The Oxford Handbook of the History of Terrorism*, eds. Carola Dietze y Claudia Verhoeven (Oxford y Nueva York: Oxford University Press, 2022).

10. Arboleda, Martín, *Planetary Mine: Territories of Extraction under Late Capitalism* (Londres y Nueva York: Verso, 2020).

11. Karuka, Manu, *Empire's Tracks: Indigenous Nations, Chinese Workers, and the Transcontinental Railroad* (Berkeley, California, y Londres: University of California Press, 2019).

12. Fromm, Erich, *The Anatomy of Human Destructiveness* (Nueva York: Henry Holt, 1973), p. 207.

13. Richardson, John, «A Different Guernica», *New York Review of Books* (12 de mayo, 2016), 63, n.º 8: 4-6; Koussiaki, Fotini, «The Influence of Non-Traditional Art Materials on the Paintings of Pablo Picasso», en Helen Mar Parkin (ed.), *Papers Presented at the Thirtieth Annual Meeting of The American Institute for Conservation of Historic and Artistic Work*, 2002, pp. 37-48.

14. Leighten, Patricia, «The White Peril and L'Art Negre: Picasso, Primitivism, and Anticolonialism», *The Art Bulletin* 72, n.º 4 (1990): 609-30.

15. Clifford, James, «On Ethnographic Surrealism», *Comparative Studies in Society and History* 23, n.º 4 (1981): 539-64.

16. Preston Blier, Suzanne, *Picasso's Demoiselles: The Untold Origins of a Modern Masterpiece* (Durham, Carolina del Norte, y Londres: Duke University Press, 2019).

17. Hicks, *The Brutish Museum*.

18. Véase Haiven, Max, *Art After Money, Money After Art: Creative Strategies Against Financialization* (Londres y Nueva York: Pluto, 2018).

19. Neer, Robert M., *Napalm: An American Biography* (Cambridge, Massachusetts, y Londres: Belknap, 2015).

¿La grasa de quién?

1. Robins, *Oil Palm*, pp. 125-7.
2. Robins, *Oil Palm*, p. 28.

3. Naylor, Simon, «Spacing the Can: Empire, Modernity, and the Globalisation of Food», *Environment and Planning A: Economy and Space* 32, n.° 9 (septiembre 2000): 1625-1639.
4. Robins, *Oil Palm*, pp. 120-22.
5. Lowe, Kate y McLaughlin, Eugene, «'Caution! The Bread Is Poisoned': The Hong Kong Mass Poisoning of January 1857», *The Journal of Imperial and Commonwealth History* 43, n.° 2 (2015): 189-209.
6. Chappelle, Frankie, «The Poison of Empire», *The Royal Society Blog*, diciembre 2020, https://royalsociety.org/blog/2020/12/the-poison-of-empire/.
7. Docherty, *Blood and Bronze*, p. 163.
8. Naylor, «Spacing the Can», pp. 1635-6.
9. Möckel, Benjamin, «The Material Culture of Human Rights. Consumer Products, Boycotts and the Transformation of Human Rights Activism in the 1970s and 1980s», *International Journal for History, Culture and Modernity* 6, n.° 1 (2018): 76-104.
10. Zuckerman, *Planet Palm*, p. 67.
11. Lynn, *Commerce and Economic Change in West Africa*, p. 118; Zuckerman, *Planet Palm*, p. 75.
12. Zuckerman, *Planet Palm*, capítulo 9.
13. Basu, Sanjay, Babiarz, Kim S.; Ebrahim, Shah; Vellakkal, Sukumar; Stuckler, David y Goldhaber-Fiebert, Jeremy D., «Palm Oil Taxes and Cardiovascular Disease Mortality in India: Economic-Epidemiologic Model», *BMJ: British Medical Journal* 347, n.° octubre 22 (2013): f6048.
14. Patel y Moore, *The History of the World in Seven Cheap Things*.
15. Zuckerman, *Planet Palm*, pp. 168-9.
16. Robins, *Oil Palm*, pp. 285-6.
17. Pearce, Fred, «UK Animal Feed Helping to Destroy Asian Rainforest, Study Shows», *Guardian,* mayo 2011, https://theguardian.com/environment/2011/may/09/pet-food-asian-rainforest.
18. Mancini, Annamaria, *et al.,* «Biological and Nutritional Properties of Palm Oil and Palmitic Acid: Effects on Health», *Molecules* 20, n.° 9 (2015): 17339-17361.

19. Zuckerman, *Planet Palm,* capítulo 7; Basu *et al.,* «Palm Oil Taxes and Cardiovascular Disease Mortality in India».

20. Chen, Brian K., *et al.,* «Multi-Country Analysis of Palm Oil Consumption and Cardiovascular Disease Mortality for Countries at Different Stages of Economic Development: 1980-1997», *Globalization and Health* 7, n.º 1 (2011): 45.

21. Capecchi, Stefania; Amato, Mario; Sodano, Valeria y Verneau, Fabio, «Understanding Beliefs and Concerns towards Palm Oil: Empirical Evidence and Policy Implication», *Food Policy* 89 (2019): 101785.

22. Robins, *Oil Palm*, p. 341.

23. Ibíd., pp. 339-40.

24. Stoler, Ann Laura, *Capitalism and Confrontation in Sumatra's Plantation Belt, 1870-1979*, segunda edición (Ann Arbor, Michigan: University of Michigan Press, 1985).

25. Robins, *Oil Palm*, capítulo 7.

26. Bakan, Joel, *The Corporation: The Pathological Pursuit of Profit and Power* (Nueva York: Free Press, 2004).

27. Stoler, *Capitalism and Confrontation.*

28. Robins, *Oil Palm*, capítulo 7.

29. Ibíd., p. 229 y capítulo 8.

30. Ibíd., capítulo 8.

31. Zuckerman, *Planet Palm*, pp. 95-102.

32. Ibíd., pp. 113, 186.

33. Dauvergne, «The Global Politics of the Business of 'Sustainable' Palm Oil»; Zuckerman, *Planet Palm*, capítulo 9; Schneider, Victoria, «How the Legacy of Colonialism Built a Palm Oil Empire», *Mongabay*, junio 2020. https://news.mongabay.com/2020/06/how-the-legacy-of-colonialism-built-a-palm-oil-empire/.

34. Dauvergne, Peter, «The Global Politics of the Business of 'Sustainable' Palm Oil», *Global Environmental Politics* 18, n.º 2 (2018): 34-52.

35. Robins, *Oil Palm*, capítulo 10.

36. Damiani, Sandra, *et al.,* «'All That's Left Is Bare Land and Sky': Palm Oil Culture and Socioenvironmental Impacts on a Tembé Indigenous Territory in the Brazilian Amazon», *Ambiente & Sociedade* 23 (2020): e00492.

37. Potter, Lesley, «Colombia's Oil Palm Development in Times of War and 'Peace': Myths, Enablers and the Disparate Realities of Land Control», *Journal of Rural Studies* 78 (2020): 491-502.

38. Li y Semedi, *Plantation Life.*

39. Pye, Oliver, «Agrarian Marxism and the Proletariat: A Palm Oil Manifesto», *The Journal of Peasant Studies* (2019): 1-20.

40. «The Great Palm Oil Scandal: Labor Abuses Behind Big Brand Names» (Londres: Amnistía Internacional, noviembre 2016), pp. 3-4.

41. «Empty Assurances» (Bogor, Indonesia y Washington DC: Sawit Watch y el Foro Internacional de Derechos Laborales, noviembre 2013), https://laborrights.org/sites/default/files/publications-and-resources/Empty %20Assurances.pdf.

42. «U.S. Blocks Palm Oil Imports from Malaysia's Sime Darby over Forced Labor Allegations», *Reuters*, diciembre 2020, https://reuters.com/business/energy/us-blocks-palm-oil-imports-malaysias-sime-darby-over-forced-labor-allegations-2020-12-31/.

43. Pattison, Pete, «Malaysian Prisoners May Face 'Forced Labor' on Palm Oil Plantations», *Guardian*, septiembre 2020, https://theguardian.com/global-development/2020/sep/16/malaysian-prisoners-may-face-forced-labor-on-palm-oil-plantations.

44. Klawitter, Nils, «The Dirty Business of Palm Oil», *Der Spiegel*, febrero 2014, https://spiegel.de/international/world/indonesian-villagers-driven-from-villages-in-palm-oil-land-theft-a-967198.html; Lustgarten, Abrahm, «Palm Oil Was Supposed to Help Save the Planet. Instead It Unleashed a Catastrophe», *The New York Times Magazine*, noviembre 2018, https://nytimes.com/2018/11/20/magazine/palm-oil-borneo-climate-catastrophe.html.

45. Dauvergne, «The Global Politics of the Business of 'Sustainable' Palm Oil».

46. Mason, Margie y McDowell, Robin, «Rape, Abuses in Oil Fields Linked to Top Beauty Brands», *Associated Press*, noviembre 2020, https://apnews.com/article/palm-oil-abuse-investigation-cosmetics-2a209d60c42bf0e8fcc6f8ea6daa11c7.

47. Amnistía Internacional, «The Great Palm Oil Scandal».
48. Pye, Oliver y Bhattacharya, Jayati (eds.), *The Palm Oil Controversy in Southeast Asia: A Transnational Perspective* (Singapur: Institute for South East Asian Studies, 2013).
49. Pye, «Commodifying Sustainability», p. 220.
50. Zuckerman, *Planet Palm*, capítulo 8.
51. Meijaard, Erik; Brooks, Thomas M.; Carlson, Kimberly M.; Slade, Eleanor M.; Garcia-Ulloa, John; Gaveau, David L. A.; Ser Huay Lee, Janice, *et al.*, «The Environmental Impacts of Palm Oil in Context», *Nature Plants* 6, n.º 12 (2020): 1418-1426.
52. Meijaard, Erik *et al.*, «Oil Palm and Biodiversity: A Situation Analysis» (Gland, Suiza: International Union for Conservation of Nature Oil Palm Task Force, 2018), https://portals.iucn.org/library/node/47753.
53. Meijaard *et al.*, «The Environmental Impacts of Palm Oil in Context».
54. Purwestri, Ratna C. *et al.*, «From Growing Food to Growing Cash: Understanding the Drivers of Food Choice in the Context of Rapid Agrarian Change in Indonesia», *CIFOR Infobrief* (Bogor, Indonesia: Center for International Forestry Research, 2019), https://cifor.org/knowledge/publication/7360/.
55. Pye, Oliver, «A Plantation Precariat».
56. Zuckerman, *Planet Palm*, capítulo 8.
57. Lustgarten, «Palm Oil Was Supposed to Help Save the Planet».
58. McDonald, Sharyn, «Managing Issues through Cross-Sector Collaboration: Unilever and Greenpeace», en Mark Sheehan y Deirdre Quinn-Allan (eds.), *Crisis Communication in a Digital World* (Cambridge y Nueva York: Cambridge University Press, 2015): 80-91.
59. Zuckerman, *Planet Palm*, capítulos 9-10.
60. Lustgarten, «Palm Oil Was Supposed to Help Save the Planet».
61. Gottwald, Eric, «Certifying Exploitation: Why 'Sustainable' Palm Oil Production Is Failing Workers», *New Labor Forum* 27, n.º 2 (2018): 74-82.

Aceite de palma

62. Robins, *Oil Palm*, pp. 342-5.
63. Genoud, Christelle, «Access to Land and the Round Table on Sustainable Palm Oil in Colombia», *Globalizations* 18, n.º 3 (2020): 1-18.
64. Pye, Oliver, «Commodifying Sustainability: Development, Nature and Politics in the Palm Oil Industry», *World Development* 121 (2019): 218-28.
65. Dauvergne, Peter, «The Global Politics of the Business of 'Sustainable' Palm Oil», *Global Environmental Politics* 18, n.º 2 (2018): 34-52.
66. Zuckerman, *Planet Palm*, capítulo 8.
67. Wicke, Janis, «Sustainable Palm Oil or Certified Dispossession? NGOs within Scalar Struggles over the RSPO Private Governance Standard», *Bioeconomy & Inequalities Working Paper Series* 8 (2019), https://bioinequalities.uni-jena.de/soz-bemedia/WorkingPaper8.pdf.
68. Zuckerman, *Planet Palm*, capítulo 10; López Morales, Juan David, «Colombia Has Signed a Peace Agreement, so Why Are Trade Unionists Still Being Threatened and Murdered?», *Equal Times*, octubre 2021, https://equaltimes.org/loomber-has-signed-a-peace?lang=en; Pearce, Fred, «Murder in Malaysia: How Protecting Native Forests Cost an Activist His Life», *The Guardian*, abril 2017, https://theguardian.com/environment/2017/mar/24/in-malaysia-how-protecting-native-forests-cost-an-activist-his-life.
69. Gerber, Julien-François, «An Overview of Resistance against Industrial Tree Plantations in the Global South», *Economic and Political Weekly* 45, n.º 41 (2010): 30-34, https://jstor.org/stable/25742174.
70. Cuffe, Sandra, «Guatemala's Growing Palm Oil Industry Fuels Indigenous Land Fight», *Al Jazeera*, octubre 2021, https://aljazeera.com/news/2021/10/15/loomberg-growing-palm-oil-industry-fuels-indigenous-land-fight; Jong, Hans Nicholas, «Papua Tribe Moves to Block Clearing of Its Ancestral Forest for Palm Oil», *Mongabay*, enero 2022, https://news.mongabay.com/2021/01/papua-tribe-moves-to-block-clearing-of-its-ancestral-forest-for-palm-oil/; Ionova, Ana, «New Palm Oil Frontier Sparks Scramble

for Land in the Brazilian Amazon», *Mongabay*, abril 2021, https://news.mongabay.com/2021/04/new-palm-oil-frontier-sparks-scramble-for-land-in-the-brazilian-amazon/.

71. Serrano, Ángela, «Oil Palm Workers Confront a Fatal Blow Against Unions in Colombia», Collective of Agrarian Scholar-Activists from the South, abril 2021, https://casasouth.org/oil-palm-workers-confront-a-fatal-blow-against-unions-in-colombia/; Pye, Oliver; Daud, Ramlah; Manurung, Kartika y Siagan, Saurlin, «Workers in the Palm Oil Industry: Exploitation, Resistance and Transnational Solidarity» (Colonia: Stiftung Asienhaus, 2016), https://asienhaus.de/archiv/user_upload/Palm_Oil_Workers_-_Exploitation_Resistance_and_Transnational_Solidarity.pdf.

72. «Resistance Against Industrial Oil Palm Plantations in West and Central Africa», *World Rainforest Movement Bulletin*, n.º 254 (febrero 2021), https://wrm.org.uy/wp-content/uploads/2021/03/Boletin-254_ENG.pdf.

73. Robins, *Oil Palm*, pp. 352-3.

74. Robles, Pablo *et al.,* «The World's Addiction to Palm Oil Is Only Getting Worse», *Bloomberg*, noviembre 2021, https://bloomberg.com/graphics/2021-palm-oil-deforestation-climate-change/.

75. Robins, *Oil Palm*, pp. 339-40; Zuckerman, *Planet Palm*, pp. 191-3.

76. Véase Robins, *Oil Palm*, pp. 333-6.

77. Lynn, *Commerce and Economic Change in West Africa*.

78. Robins, *Oil Palm*, pp. 70-73.

¿El excedente de quién?

1. Véase, por ejemplo, «Palm Oil's Role in Feeding the World», Golden Agri-Resources, septiembre 2018, https://goldenagri.com.sg/id/palm-oil-role-in-feeding-the-world/.

2. Mitropoulos, Angela, *Pandemonium: Proliferating Borders of Capital and the Pandemic Swerve*, VAGABONDS Series (Londres y Nueva York: Pluto, 2020).

3. Dyett, Jordan y Cassidy, Thomas, «Overpopulation Discourse: Patriarchy, Racism and the Specter of Ecofascism», *Perspectives on Global Development and Technology* 18, n.º 1-2 (2019): 205-24.

4. Patel, Raj, *Stuffed and Starved: The Hidden Battle for the World Food System* (edición actualizada) (Nueva York: Melville House, 2012).

5. Zuckerman, *Planet Palm*, p. 162.

6. Schorb, Friedrich, «Fat as a Neoliberal Epidemic: Analyzing Fat Bodies through the Lens of Political Epidemiology», *Fat Studies* 11, n.º 1 (2021): 1-13; para una crítica informada de estos impuestos desde la ideología del libre mercado, véase Snowdon, Christopher, «The Proof of the Pudding: Denmark's Fat Tax Fiasco» (Londres: Institute of Economic Affairs, 2013), https://iea.org.uk/sites/default/files/publications/files/The%20Proof%20of%20the%20Pudding.pdf.

7. Spratt, Tanisha Jemma Rose, «Understanding 'Fat Shaming' in a Neoliberal Era: Performativity, Healthism and the UK's 'Obesity Epidemic'», *Feminist Theory*, 2021, 146470012110483.

8. Schorb, «Fat as a neoliberal epidemic».

9. Véase Strings, Sabrina, *Fearing the Black Body: The Racial Origins of Fat Phobia* (Nueva York: New York University Press, 2019).

10. Véase Angelis, Massimo, *The Beginning of History: Value Struggles and Global Capital* (Londres y Nueva York: Pluto, 2006).

11. Chan, Kam Wing y Yang, Xiaxia, «Internal Migration and Development: A Perspective from China», en Tanja Bastia y Ronald Skeldon (eds.), *Routledge Handbook of Migration and Development* (Londres y Nueva York: Routledge, 2020), pp. 567-84.

12. Wang, Ya Ping; Wang, Yanglin y Wu, Jiansheng, «Housing Migrant Workers in Rapidly Urbanizing Regions: A Study of the Chinese Model in Shenzhen», *Housing Studies* 25, n.º 1 (2010): 83-100.

13. Chan, Chris King-Chi, «Community-Based Organizations for Migrant Workers' Rights: The Emergence of Labor NGOs in China», *Community Development Journal* 48, n.º 1 (2012): 6-22.

14. Véase Solt, George, *The Untold History of Ramen: How Political Crisis in Japan Spawned a Global Food Craze* (Berkeley, California, y Londres: University of California Press, 2014).
15. Cam, Lisa, «What's the Story behind Instant Ramen Noodles—and How Did Post-War America Influence Their Invention?», *South China Morning Post*, abril 2020, https://scmp.com/magazines/style/news-trends/article/3077785/whats-story-behind-instant-ramen-noodles-and-how-did.
16. Solt, *The Untold History of Ramen.*
17. Gibson-Light, *Ramen Politics.*
18. Matory, *The Fetish Revisited.*
19. Gibson-Light, *Ramen Politics.*
20. Ibíd., p. 204.
21. Ibíd., pp. 200-201.
22. Wilson Gilmore, *Golden Gulag.*
23. Harvey, David, *Limits to Capital*, Essential David Harvey Series (Londres y Nueva York: Verso, 2018).
24. Bhattacharyya, Gargi, *Rethinking Racial Capitalism: Questions of Reproduction and Survival* (Londres y Nueva York: Rowman and Littelfield, 2018).
25. Robinson, William I. y Baker, Yousef K., «Savage Inequalities: Capitalist Crisis and Surplus Humanity», *International Critical Thought* 9, n.º 3 (2019): 1-18.
26. Bernards, Nick, «'Latent' Surplus Populations and Colonial Histories of Drought, Groundnuts and Finance in Senegal», *Geoforum*, 2019.
27. Patel y Moore, *The History of the World in Seven Cheap Things.*
28. Pye, «A Plantation Precariat».
29. Bhattacharyya, *Rethinking Racial Capitalism.*
30. Ibíd.
31. Shilliam, Robbie, *Race and the Undeserving Poor: From Abolition to Brexit* (Nueva York: Columbia University Press, 2018).
32. Azeri, Siyaves, «Surplus-Population and the Political Economy of Fear», *Critical Sociology* 45, n.º 6 (2019): 889-905; Dyett y Thomas, «Overpopulation Discourse».
33. Kundnani, Arun, «The Racial Constitution of Neoliberalism», *Race & Class* 63, n.º 1 (2021).

¿El sacrificio de quién?

1. Brown, Wendy, «Sacrificial Citizenship: Neoliberalism, Human Capital, and Austerity Politics», *Constellations* 23, n.º 1 (2013). Para una fascinante investigación de este tema, véase Wang, Keren, *Legal and Rhetorical Foundations of Economic Globalization: An Atlas of Ritual Sacrifice in Late-Capitalism* (Londres y Nueva York: Routledge, 2021).
2. Agamben, Giorgio, *Homo Sacer: Sovereign Power and Bare Life*, trad. Daniel Heller-Roazen (Stanford, California: Stanford University Press, 1998).
3. Mbembe, Achille, «Necropolitics», *Public Culture* 15, n.º 1 (2013): 11-40.
4. Véase Bremmer, *The Strange World of Human Sacrifice.*
5. Tatlock, Jason, «Human Sacrifice and Propaganda in Popular Media: More Than Morbid Curiosity», *Dialogue: The Interdisciplinary Journal of Popular Culture and Pedagogy* 6, n.º 1 (2019).
6. Bremmer, Jan N., «Human Sacrifice: A Brief Introduction», en Jan N. Bremmer (ed.), *The Strange World of Human Sacrifice* (Leuven: Peeters, 2007), pp. 1-10.
7. Véase Watts *et al.,* «Ritual Human Sacrifice Promoted and Sustained the Evolution of Stratified Societies».
8. Sheils, Dean, «A Comparative Study of Human Sacrifice», *Cross-Cultural Research* 15, n.º 4 (1980): 245-62.
9. Véase Watts *et al.,* «Ritual Human Sacrifice Promoted and Sustained the Evolution of Stratified Societies».
10. Para una fascinante investigación de cómo las tradiciones sacrificiales de África Oriental se expresan hoy en día en un marco económico capitalista, véase Atekyereza, Peter Rwagara, Justin Ayebare y Paul Bukuluki, «The Economic Aspects of Human and Child Sacrifice», *International Letters of Social and Humanistic Sciences* 41 (2014): 53-65.
11. Hayek, F. A., *The Road to Serfdom: Text and Documents*, ed. Bruce Caldwell (Chicago y Londres: University of Chicago Press, 2007); Fukuyama, Francis, *The End of History and the Last Man* (Nueva York: Perennial, 1992).
12. Véase Martin, Randy, *Knowledge LTD: Towards a Social Logic of the Derivative* (Philadelphia: Temple University Press, 2015).

13. Gates, *The Road Ahead;* McGoey, *No Such Thing as a Free Gift.*

14. Docherty, *Blood and Bronze*, pp. 39-69.

15. Martin, Randy, *Empire of Indifference: American War and the Financial Logic of Risk Management* (Durham, Carolina del Norte: Duke University Press, 2007).

16. Taleb, Nassim Nicholas, *The Black Swan: The Impact of the Highly Improbable*, segunda edición (Nueva York: Random House, 2010).

17. LiPuma, Edward y Lee, Benjamin, *Financial Derivatives and the Globalization of Risk* (Durham, Carolina del Norte, y Londres: Duke University Press, 2004).

18. Roy, Ananya, «Subjects of Risk: Technologies of Gender in the Making of Millennial Modernity», *Public Culture* 24, n.º 1 66 (2012): 131-55.

19. Wu Ming 1, *La Q Di Qomplotto. QAnon e Dintorni. Come Le Fantasie Di Complotto Difendono Il Sistema* (Roma: Alegre, 2021).

20. Russonello, Giovanni, «QAnon Now as Popular in U.S. as Some Major Religions, Poll Suggests», *New York Times*, mayo 2021, https://nytimes.com/2021/05/27/us/politics/qanon-republicans-trump.html.

21. Federici, Silvia, *Witches, Witch-Hunting, and Women* (Brooklyn: Common Notions, 2018).

¿La historia de quién?

1. Wynter y McKittrick, «Unparalleled Catastrophe for Our Species?».

2. Gill y Taussig, *Becoming Palm.*

3. Pye, «Commodifying Sustainability».

4. Meijaard *et al.,* «Oil Palm and Biodiversity».

5. Moore, Jason W., «Cheap Food & Bad Money: Food, Frontiers, and Financialization in the Rise and Demise of Neoliberalism», *Review of the Fernand Braudel Center* 33, n.º 2-3 (2010): 225-61.

6. Robins, *Oil Palm*, capítulo 8.

7. Ibíd., pp. 348-50.
8. Pye, OliverArianti, Fitri; Assalam, Rizal; Haug, Michaela y Puder, Janina, «Just Transition in the Palm Oil Industry», *Transnational Palm Oil Labor Solidarity* (blog), septiembre 2021, https://palmoillabour.network/just-transition-in-the-palm-oil-industry-a-preliminary-perspective/.